Hans-Christian Biller
Sabine Maja Bremermann
Lars-Christopher Voigts

100 BÜCHER, DIE DIE WELT NOCH BRAUCHT

GOLDMANN

Abbildungen, Illustrationen, Designs

10 Julian Wäckerlin
12 Lennard Baumeister/ Yoda-Zeichnung
18f. NASA/Galaxie
20f. Sandro Raschle
28 Neven Allgeier
34 Marcel Schock
42 Lea Wäckerlin
54 Anna Nero
62f. Wim Lanz
64 pixabay/steinchen
72 Sarah Tempelmann
78 Julian Wäckerlin
80f. Alexander Frei und Ann-Marie Schmalz
102 Lorenzo Müller
104 Collage Freestockphotos, pixabay/ music4life
110 shutterstock
108 Wikicommons/Armin Lennartz
122 Angelo Repetto

126 Lorenzo Müller
136 Leonard Erlbruch
138f. Katzen: Creative Commons CCo
140 fotolia.com/diter
148 Lea Wäckerlin
152 Wikicommons/Michael Pätzold
168f. Creative Commons
172f. Fabian Esslinger
196 Wikicommons/Alfvanbeem
200f. Franco Schönenberger
206 Julian Wäckerlin
210 Gaelle Lalonde

Sabine Maja Bremermann: 14, 18f., 24, 36f., 46, 56, 74f., 82f., 96f., 112, 128, 156f., 182f., 190, 194f., 222 (fotalia/Details)

Lars-Christopher Voigts: 68, 92f., 176

Bremermann/Voigts: 50f.

Alle übrigen: privat

Verlagsgruppe Random House FSC® N001967
Das FSC®-zertifizierte Papier *Profibulk* von Sappi
für dieses Buch liefert Igepa 2H-Papier.

1. Auflage
Originalausgabe Dezember 2014
Copyright © 2014 by Wilhelm Goldmann Verlag, München,
in der Verlagsgruppe Random House GmbH
Umschlaggestaltung: UNO Werbeagentur, München
Umschlagabbildung: Getty Images Deutschland GmbH
KF · Herstellung: Str.
Druck und Bindung: Těšínská tiskárna, a.s., Český Těšín
Printed in Czech Republic
ISBN: 978-3-442-15823-2
www.goldmann-verlag.de

Besuchen Sie den Goldmann Verlag im Netz

INHALT

?!

Bücher, die man braucht, wenn man diese Frage nicht beantworten kann?

Bücher für die Hochzeitsnacht

Bücher, die man oben ohne lesen sollte

Bücher für sehr kurze Autofahrten, zum Beispiel zum Briefkasten

Bücher, bei denen es egal ist, ob es der Gärtner war oder nicht

Bücher, die man vor dem Kamin lesen und dann hineinwerfen sollte

Bücher, die man nur lesen sollte, wenn man gerade wirklich nichts anderes zu tun hat

Bücher, für die man seinen teuren Anzug mal wieder aus dem Schrank holen sollte

?!

BÜCHER, DIE MAN BRAUCHT, WENN MAN DIESE FRAGE NICHT BEANTWORTEN KANN?

Darum nicht

Das große Lexikon der Gegenargumente

Die Erde ist ein Tetraeder, Löwen sind Geflügel und Zucker heilt Diabetes. Wie oft haben Sie sich bei solchen Behauptungen in Gedanken schon «Ja, aber» flüstern hören und dann doch nicht den Mund aufgemacht, weil das passende Gegenargument gefehlt hat? Diese Zeiten sind jetzt ein für alle Mal vorbei. Mit dem großen Lexikon der Gegenargumente haben Sie immer und schon nach kurzem Blättern ein so spontanes und zugleich überraschendes wie treffendes Gegenargument parat, das Ihrem, wie auch immer gebildeten, Gegenüber garantiert die Sprache verschlägt. Statten Sie Ihre Bibliothek jetzt mit einem ganzen Band Schlagfertigkeit aus. Oder haben Sie etwa was dagegen?

Komm auf die dunkle Seite der Macht, wir haben Kekse. Oder Boba fettarme Muffins, himmlisch feine Banakin-Skywalker-Tarte und sogar frisches Knobi-Wan-Kenobi-Brot. Mjamidala!

Diese und viele andere galaktisch gute Backrezepte von den süßesten Krieg-der-5-Sterneköchen mögen der Backkunst auch jungen Padawanen keine Grenzen mehr setzen.

«Die Rezepte sind echt Laser!»
Dein Vater

«Uuuuhhmm.»
C. Baka

So 'n Fisch ist ja auch nur 'n Mensch, sagt Dr. Eberhard-Bockensack immer, wenn ihm wieder mal ein Patient durch die Lappen geht. In seiner Praxis für angewandte Ichtyopoden-Osteopathie geht es nämlich mitunter recht glitschig zu. So 'ne Magnetresonanz-Untersuchung ist auch nicht jeden Fischs Sache. Erklären Sie doch mal einem Dorsch mit Schnappatmung, dass er die Flossen ruhig halten soll. Gut, dass Dr. Eberhard-Bockensack immer eine extra Portion Flockenfutter in der Tasche hat. Und wenn gar nichts mehr hilft, gibt's auch schon mal was hinter die Kiemen. Erleben Sie den faszinierenden Berufsalltag eines Mannes, der nur selten frische Fische fischt.

"Blubb, blubb...blubb blubb blubb."
Karpfen Kunibert, glücklicher Patient

"Bei Rheuma helfen also feuchte Wickel ... soso ..."
Max B., kritischer Aquariums-Besitzer

Nummer
1.97.52002GH.

WAS SIE SCHON IMMER ÜBER SICH GEWUSST HABEN, ABER NIE WUSSTEN, WER DAS SONST NOCH ALLES WEISS.

Ein Abhörbuch

Allein in Deutschland existieren sechs Dienste, die im In- und Ausland operieren und bereits mehr Daten gesammelt haben, als Sie in den nächsten 500 Jahren verarbeiten könnten.

Juristen lernen schnell – man muss nicht alles wissen, man muss nur wissen, wo es steht. Für die Geheimdienste gilt da eine etwas umfassendere Maxime:

Man muss alles wissen, auch wenn man hinterher nicht weiß, was man damit anfangen soll.

«Der Arzt tut's mit dem Stethoskop, der Geheimdienst mit der Wanze. Der eine lauscht in Teilen nur, dem anderen geht's ums Ganze.»

Volksmund, 2014

TRÄUM WEITER
ALLES KRIEGEN, NICHTS DAFÜR TUN – DER ULTIMATIVE GUIDE.

TRÄ
UM
WEI
TER

ALLES KRIEGEN, NICHTS DAFÜR TUN –
DER ULTIMATIVE GUIDE.

18

Immer kriegen die anderen den tollen Job, straffe Oberarme und fettfreie Knie, eine eloquentere Ausdrucksweise, weniger Strafzettel, mehr gratis Einkaufswagenchips und saftig-grünes Gras nach DIN 18035, im Gegensatz zu Ihrer gelbstichigen 08/15-Wiese. Und schon immer haben Sie sich gefragt: Wie schaffen die das?

Dieses Buch verrät Ihnen alle Tricks, endlich in den engen Kreis von Fortunas Homies aufgenommen zu werden und ohne jedwede Anstrengung die Flitterpalme in der Kirsche auf den Zuckerstreuseln auf der Sahnehaube auf dem Schokiüberzug auf dem Eisbecher am sonnigen Fensterplatz der Cafeteria des Lebens zu bekommen. Inklusive sexy Kellner.

«Es wirkt wirklich! Ich habe das Buch nur vier Tage unter meinem Kopfkissen gelassen und schon 17 Kilo abgenommen!»
M. Must-Ermann, glaubwürdigkeitsinstitutzertifizierte Leserin

3758,99 €

«DER AUTOR»

DER
«Rabe»
BRINGT DEN
«Rotkohl»
IM
«Koffer»
VORBEI

Alles endet damit, dass Agent «Krähe» den «Herd» anließ, was «Torf» und seinen Kumpel «fliegender Teppich» ungeheuer «Honigblinker» machte – die Mission begann unpünktlich. Nur «Katze» war euphorisch, ihr Plan mit dem «Rotkohl» ging auf ...

«Eine wirklich ‹monarche› Interpretation des bekannten ‹Bratwurst-Falls›. Die ‹Wolken› haben nicht zu viel ‹gezuckert›.»
S. «Mandelbaum»

DAS INTERNET
AKTUALISIERTE GESAMTAUSGABE

Warum browsen, wenn man auch blättern kann? Jetzt können Sie das ganze Web ohne Ladezeiten, Viren und Chatanfragen von lüsternen Frauen aus Ihrer Umgebung erkunden. Und das auf kompakten 37.456.984.345 Seiten. Das Beste dabei: Mit dem Kauf dieses Buches erhalten Sie «Das Internet» als E-Book gratis mit dazu, inklusive vieler virtueller Features wie Videos, Beispiel-Ladebalken, Freundschaftsanfragen von Arbeitskollegen und einem interaktiven Inhaltsverzeichnis im Suchmaschinenlook.

$\mathcal{W}$er ein Instrument beherrscht, dem öffnen sich seit jeher die Herzen und Hosen dieser Welt. Im Falle dieser sorgfältig für Sie zusammengestellten Kompositionen ist beides eher unwahrscheinlich, selbst wenn Sie früher mal Slash von Guns`n`Roses waren. Denn Warten war schon immer unschön – auch wenn Sie eine Schleife drumbinden.

Bereits mit wenigen gekonnten Griffen und Akkorden rufen Sie traumatische Erinnerungen an endlose verschwendete Momente bei «Fragen zu Ihrer Mobilfunkrechnung» oder anderen Hotlinebelangen hervor. Probieren Sie es am nächsten Lagerfeuer am besten gleich selber aus.

Für Hörbeispiele, wie "Bitte drücken Sie die 2" oder "Don`t know much about Hysterie" und zum Stimmen Ihres Instruments kontaktieren Sie gerne unsere Hotline: 01805 W-A-I-T-F-O-R-I-T
12,50 Eur/Min.

-heit -keit -ung
Sprachliche Tetrapoden, wie diese drei Endungen, sind
die Bollwerke deutscher Orthographie.
In ausländischen Medien wird die deutsche Sprache
auch gerne in Tarnfarben gemalt: militant, gefühlskalt
und befehlsorientiert.

Trotz Dichterfürsten und Denkerland, Deutsch ist
das gesprochene Sperrfeuer, das der Integration und
Völkerverständigung nach wie vor unnachgiebig
gegenübersteht.

Eine unpopulärwissenschaftliche Auseinandersetzung mit
einer der wohl schönsten Sprachen der Welt – wenn Sie
in den Ohren der anderen nur nicht so schrecklich klingen
würde.

You´re bloody right!
Andrew Altman from London

Thomas Müller

Biografie eines Durchschnittsdeutschen

Die Biografie eines Deutschen, der mehr bewegt hat als der Marshallplan, Helmut Kohl und die Agenda 2010 zusammen. Thomas Müller frühstückt, Thomas Müller geht zur Arbeit. Thomas Müller geht wieder nach Hause und sorgt ganz nebenbei dafür, dass die Exporte steigen, man in Möbelhäusern Hotdogs essen kann und das Privatfernsehen nicht pleite geht.

ISBN 978-0-1234-5678-6

9 780123 456786

*Alles oder nichts? Oder von allem ein bisschen? Früher war
das Leben eine provisorisch ausgestellte Essensmarke, heute
gleicht es den realitätsverachtenden All-you-can-eat-Buffets
eines Kreuzfahrtschiffes. Eine Entscheidung für alles führt zu
Völlegefühl und Verstopfung, eine Entscheidung für nichts zu
Kleidergröße 12. Halbherzige Entscheidungen sind das Erfolgs-
rezept, das nicht nur glücklich, sondern auch gesund macht.*

Das Leben hat keine Leitplanken. Wie schafft man es, dennoch dagegenzufahren? Warum ist rückblickend manchmal alles schwarz und grau, obwohl alle Stifte im Malkasten abgenutzt aussehen? Wann schaltet man besser den Filter der Erwartungen aus? Muss man sich von der Realität diktieren lassen, was man denken soll? Und wo ist eigentlich die ganze Zeit, die alle Wunden heilt?

Dieses Buch ist voll mit keinen Antworten, aber noch mehr Fragen sowie Texten, Bildern & Illusionen über ein Kapitel, das nur noch dank dem Leim dieses Buches existiert.

Past and present met in a bar.
It was tense.

Kennedy hatte einen schlimmen Sprachfehler und wurde während seiner gesamten Karriere synchronisiert.

David Hasselhoff sang 1989 in Berlin so lange «Auf der Mauer auf der Lauer…», bis sie irgendwann nicht mehr da war.

Mussolini (eig. Mousse-au-Lini) war ein beliebtes italienisches Dessert, welches der Koch Alberto Lini 1926 im Auftrag der Regierung kreierte. Es enthielt hauptsächlich einen Mix aus Zucker, Amphetaminen, K.-o.-Tropfen, Kokain und Autolack.

Im Zweiten Weltkrieg dressierten die Deutschen während der Operation Bismarck einen Schwarm Heringe, um damit die englische Flotte zu versenken.

Die Schlacht um Pearl Harbor verlief exakt so wie im Film. Anschließend aber einigten sich Roosevelt und der japanische Kaiser auf eine Partie Schnickschnackschnuck. Als die Japaner nach 14 Spielen gewannen, ließen die Amerikaner die Atombombe bauen.

Nachkriegsdeutschland, auch kulinarisch eine Trümmerlandschaft. Eine Welt aus Haferflocken, dünnen Soßen, zerstampften Kartoffeln und falschen Hasen. Eine Zeit, in der hochkommt, was man nicht mit Schnaps herunterspülen kann. Der kollektive Gaumen der Nation – ein unbestellter Acker. Seine Furchen, bereit für eine neue Generation von Rüben, Kohl und Wirsing. Wo wären wir ohne das Einfühlungsvermögen einiger weniger, die diese Situation als Chance begriffen? Die das Fernsehen zum Fernsäen nutzten, neue Rezepte in die Bücher unserer Großmutter pflanzten und die Speisekarten neu verteilten? Diese Hommage widmet sich den Pionieren der deutschen Fernsehküche, den Gastwirtschaftswunderern und Löffelschwingern, die uns behutsam über den Tellerrand führten in eine Welt, die zwar immer noch schwarz-weiß war, aber bestimmt nicht so schmeckte.

BÜCHER FÜR DIE HOCHZEITSNACHT.

22 kurze Geschichten über all die Somnambulen, die Dinge zu sehen bekommen, die das Tageslicht nicht zu würdigen weiß. All die Schwärmer, denen Straßenlaternen einer Mitternachtssonne gleich den Weg leuchten, all diejenigen, die sich in den bodenlosen Schatten der Nacht flüchten müssen, weil ihnen das Leben sonst keine Tiefe mehr bietet.

«Licht aus und durch!»
Buxtehuder Bote

«Selbst wenn die Sonne im Zenit steht: Dieses Buch wirft Schatten!»
Münchener Mittagsanzeiger

Herzchirurg, Blindenhundtrainer, Hobbyastronaut: Der charismatische Heiratsschwindler Gustav hat sich schon so manchen Lebenslauf ausgedacht, um die Konten der Frauen zu erobern. Doch als er die attraktive Kunsthändlerin Annabelle trifft, ist es um ihn geschehen. Dass er es dieses Mal selbst mit einer Heiratsschwindlerin zu tun hat, wird ihm allerdings erst auf Seite 183 klar.

Wer nicht fragt bleibt dumm?

Der Mensch hat die Atombombe erfunden, den achtfachen CD-Wechsler und selbstreinigende Backöfen. Softeismaschinen, Solarstromanlagen und das Internet. Bis wir uns in alle Welt beamen können, ist nur noch eine Frage der Zeit. Die schiere Anzahl all dieser Erzeugnisse menschlicher Intelligenz und Schaffenskraft mag uns staunen lassen, doch verweist sie zugleich auf die dunkle Seite des Intellekts, die Abgründe unserer Kreativität, den riesigen Schatten menschlicher Dummheit, in dem sich unausgereifte Gedanken und sinnlose Ideen in hohle Fragen ergießen, die vergeblich nach einem Platz an der Sonne suchen.

Entdecken Sie das andere Ende der Evolutions-Waagschale und schütteln Sie mit uns den Kopf über die absonderlichsten Fragen, die je und vorwiegend in der Anonymität weltweiter Internetforen gestellt wurden.

«Warum kann ich den Link auf
dem Cover nicht anklicken?»
vorname.nachname@gmxyz.de

gurkensalat

Kann man Erinnerungen konservieren wie Apfelmus? Die schlechten Witze*, die feinen Gesten und kleinen Beweise, des anderen größter Fan zu sein, in einem Eisberg aus Tränen der Freude einfrieren und nach Belieben einfach wieder auftauen? Hier finden Sie den unzulänglichen Versuch, mithilfe dieser Tupperware namens Buch haltbar zu machen, was nach einem gemeinsamen Ablaufdatum oft viel zu schnell verdirbt.

«❄❄❄❄❄»
F. Vanderbach

---

*«Können Sie Klavier spielen?» – «Weiß nicht, mal versuchen …»

Dieses Buch ist für alle erotophoben Angsthasen, Beziehungsgestörten und Großstädter im Allgemeinen. 128 beispielhafte Dialoge, die Ihnen garantiert helfen, erfolgreich an Ihrer Beziehung zu arbeiten. Verlieren Sie Ihre Scheu, das zu sagen, was Ihnen am Herzen liegt. Reden Sie Klartext.

Denn Sätze wie: «Du, ich finde, wir sollten in unserer Beziehung von Anfang an ehrlich zueinander sein. Das wird nichts mit uns beiden ...» wirken einfach Wunder, wenn es um die grundlegende Ausrichtung einer Partnerschaft geht.

«Dieses Buch wird viele Scheidungsanwälte in den Ruin treiben.»

BDONIS & BPHRODITE

Zweitplatzierte bei Schönheitswettbewerben –
THE INTERNATIONAL LOOKBOOK

Braucht wahre Schönheit eine Krone? Dieses Buch porträtiert die ungekrönten zweiten Sieger internationaler Schönheitswettbewerbe und zeigt uns, dass wahre Schönheit tatsächlich im Auge des Betrachters liegt – vor allem dann, wenn man eins zudrückt.

Melodien für eine Hand

Mit dieser Auswahl an Klassikern können Sie es sich selbst und so richtig gemütlich machen. Ob Sie Ihren Bischof im Vierviertteltakt zu «Just the two of us» würgen oder ganz individuell zu «I did it my way» Hand anlegen – entdecken Sie Ihre ganz persönliche Begleitmusik für die zweitschönste Nebensache der Welt. Und auch wenn es mal nicht so klappt, hier finden Sie die passenden Titel für jede Gelegenheit, z.B. «If you leave me now» bei erektiler Dysfunktion.

Jetzt mit praktischem Taschenatlas «Handgriffe aus aller Welt»

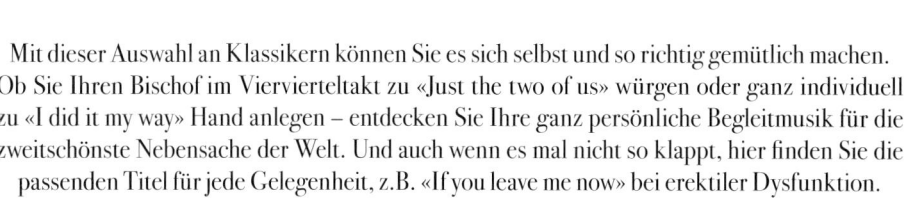

«Die schönste Musik zum Runterholen, äh, Runterkommen.»
Aachener Aktuelle

Kurt
Der Zaubervampirpirat

Eines Morgens wacht der kleine Kurt auf und ist ein Zaubervampirpirat. Doch was ist das überhaupt? Bei der Lösung dieser Frage kann ihm nur der magische Wereinhorndelfinwolf helfen. Doch was soll das schon wieder sein?

Finde es heraus – wenn du schon lesen kannst. Sonst tu einfach so.

131 leere Seiten und ihre Phantasie

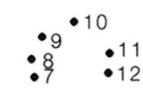

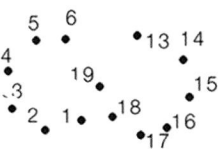

Der Silbenschatz im Wörtersee

marinbötchenaquamarinschaumkrönchena
hellblauhellblauaquamarinaquamarinhellb
glasgrünglasgrünhellblauhellblauglasgrünh
cyanblaucyanblaucyanblauhellblaucyanbla
azurblauazurblaumoosgrünmoosgrünazur
mittelblaumittelblauazurblauazurblauazur
mittelblaumit*Barsch*telblaumittelblaumitte
dunklelblaudunkelblaudunkelblaudunkelb
violettblauviolettblauviolettblauviolettblau
blaus*Hecht*chwarzblauschwarzblauschwar
schwarzeswasserHIN-MA-ABschwarzesw
schwarzschwarzDO-RE-MI-ANschwarzsc
modermoderAN-VOR-MIT-ANmoderalg
sandsandsand*muschel*sand*schnecke*sandm

Mit feuchten Augen stand der alte Silbenfischer, den alle nur Konso nannten, am Ufer des Wörtersees und ließ seinen Blick über das wohl semantischste Gewässer auf dem Gut derer von Von und Zu schweifen. Die letzten Strahlen der untergehenden Sonne zauberten glitzernde Flexionen auf die spiegelglatte Wasseroberfläche, und irgendwo unkte ein Frosch, dass es bald Regen geben würde. Er dachte an die Geschichten über den sagenhaften Silbenschatz, die ihm sein Vater als Kind immer erzählt hatte, wenn sie die Sommermonate in dem alten Semikolonialhaus verbrachten, jenseits von Gut und Böse gelegen. Irgendwo da unten im Wörtersee schlummerte dieser fi-fu-famose Batzen reinster Silben und wartete nur darauf, gehoben zu werden. Aber solange die garstige Orthogräfin von Von und Zu das Silbenfischen verbot, konnte Konso nur auf seine alten Su-Do-Ku-Hefte zählen. Er musste zurück aufs Wasser. Er musste den Silbenschatz vom Wörtersee finden.
Er musste mal.
(Pinkelpause)

«An-rühr-end!»
U. Tolkien, Hamburg

Alte Freunde von neuen Seiten.

Passt der Osterhase in den Sack
vom Weihnachtsmann? Hat die
Zahnfee auch mal Zahnschmerzen?
Und wer räumt eigentlich bei den
Heinzelmännchen auf? Dieses
Lexikon versammelt alle Zahlen und
Fakten, aber auch spannende Anek-
doten und viele Überraschungen rund
um die Helden, die wir zwar schon
fast vergessen haben, die
aber noch immer an dem Ort auf
uns warten, an dem wir sie zum
ersten Mal getroffen haben –
in unserer Fantasie.

Ohne dieses Buch:

«Ich hatte daran gedacht, aber dann kam der Bus zu spät, und ich hatte kein Kleingeld. Da musste ich dem Fahrer auf die Tränendrüse drücken; von wegen leichte Kindheit mit schweren Jungs, Diabetes Sevilla, Friedfischfischen-Weltrekord in Krisengebieten und Briefkegler mit Übergewicht. Am Ziel meiner Träume angekommen stellte ich fest, dass ich meinen Koffer (Schreibmaschine) vergessen hatte und all die schönen Dinge, die ich Dir schreiben wollte, mit einer Häkelnadel meiner Mutter, in den noch jungen Trieb einer im sauren Regen stehenden Fuchsie ritzen musste. Dabei ging so viel Zeit verloren, dass ich es komplett vergessen habe.»

Mit diesem Buch:

«Ich war mir wirklich nicht sicher, ob Du deinen Geburtstag noch jedes Jahr feierst.»

«Wenn Sie schon verlegen sein wollen, dann zumindest nicht mehr um richtig gute Ausreden.»
G. Oldman, Verleger

Smuder beat. Und noch mehr Swag. Also, was geht ab? Was nämlich gar nicht angeht: Leute, die mit gesenktem Haupte zu The Cure über die Tanzfläche mäandern, als ob sie Kleingeld oder ihre Kontaktlinsen suchen. Also, Bass muss in die Box, und das nicht zu knapp. Damit die Bitches abgehen und der Juice in Strömen läuft. Denn das Einzige, was passieren kann: Too many MCs und not enough mics.

WORD!

"Das sind doch alles nur inhaltsleere Wörter, wie potemkinsche Dörfer."
Oberstudienrat F. Bente aus H. an der E.

BÜCHER, DIE MAN OBEN OHNE LESEN SOLLTE.

Pos.1 "Der Gottesanbeter"

LOCKER VOM HOCKER

Trotz Vollrausch die Form wahren

Der 3. Teil der erfolgreichen

Kneipenyoga-Serie

Aus dem Inhalt:
Ist die Übergabe der Getränke auch mal etwas
fahrig, der «züngelnde Leguan» eignet sich
hervorragend, um großzügig eingegossene
Schnäpse direkt vom Tresen aufzunehmen.
Beim «Reiherer» kommt es besonders auf die gut
ausbalancierte Breitbein-Stellung an, und der
Klassiker «Knie zum Kinn» sollte wirklich nur
bei kleineren, schwächeren und Brille tragenden
Bekanntschaften angesetzt werden, da der Abend
sonst schneller endet als Tyson vs. Frazier 1986.

«Ich wusste gar nicht, dass beim
Herrengedeck 'ne Hebefigur dabei ist.»
Edelbert Schluiker (Betonung auf dem i)

**Die schönsten
Seiten
der Diktatur**

Die Vorteile eines totalitären Regimes liegen ja auf der Hand:
1. Der Chef hat immer Recht.
2. Hat er mal nicht Recht, tritt automatisch 1. in Kraft.
Solch unanständiges Gehabe kommt besonders deutlich beim
Verhindern der freien Meinungsäußerung zum Vorschein
und treibt in der Summe mitunter recht eigentümliche Blüten.
Dieser Sammelband bietet eine Auswahl der schönsten
«Streichergebnisse» unterschiedlichster Gewaltherrschaften
rund um den Globus.
Aus sicherlich nachvollziehbaren Gründen mussten wir auf den
Abdruck eventueller Kritiken und Lesermeinungen leider verzichten.

VORHANG ZU!

Contemporary Duschvorhang Design Vol. 1

Eine Auswahl der eindrucksvollsten, international ausgezeichneten Beispiele zeitgenössischer Nasszellen-Sicht- und spritzschutztextilien, bei denen auch Wannenbader feuchte Hände kriegen. Neben weltweit anerkannten Koryphäen des Duschvorhangdesigns wie Paul Seifert oder Sahra Schaumschläger sind hier außerdem zukunftsweisende Kreationen weniger bekannter Talente zu entdecken.

In seinem Prolog befasst sich der bekannte Möbelausstellungs-Kurator und Saubermann Frederick Schauer aus Warnemünde mit der brandaktuellen Problematik der defizitären Nachwuchsförderung sowie zunehmender Konkurrenz durch Glas-Fabrikate. Bezugsquellen, Bilder elektromikroskopisch vergrößerter Fasern sowie Zuordnung zum jeweiligen Nutzertypus ergänzen und runden diesen ersten Band der aufstrebendsten Kunstformen unserer Zeit ab.

Lernen auch Gedanken Autofah-
ren? Für Neurowissenschaftler ist
das Phänomen vom wandernden
Gehirnschmalz der Schlüssel für
die Theorie der Cognitio Reperta.
In der Forschung schenken sie
ihr ähnlich viel Aufmerksamkeit
wie der Tatsache, dass wir unsere
Amygdala viel zu wenig in Aktion
erleben. Das richtige Training
und viel Ausdauer sind darum das
einzige Strohhälmchen, das im
Cocktail des "freien Willens" von
Bedeutung ist.

Man kann seinen Kindern erklären, wieso es nachts dunkel wird, warum man bei Rot nicht über die Ampel geht oder weshalb Papa morgens zur Arbeit muss. Nur bei der Frage, warum Papa in Mamas Unterwäsche kopfüber vom Vordach hängt und dabei die Christbaumkugeln vom letzten Jahr erbricht, wird es etwas schwieriger. Aber Gott sei Dank müssen Sie Ihren Kindern ja auch nicht alles erklären. Schnappen Sie sich lieber ein gutes Buch – zum Beispiel dieses hier – und lachen Sie über die absurdesten Unfälle seit es Doktor-Spielchen gibt.

Der überschätzte Stern

Alle Sterne scheinen nachts. Nur die
Sonne macht schon am Ende des Tages
schlapp. Während in China die Solar-
kraftwerke auf Hochtouren laufen,
freuen wir uns, wenn die Nachtspei-
cherheizung nicht ausfällt. So oder so
ist die Sonne dem Untergang geweiht.
Die Frage ist nur: Wie lange wollen
wir uns von diesem «Stern» eigentlich
noch blenden lassen?

Dieses Buch wäre lieber ein Bild

Nehmen Sie das jetzt nicht persönlich, aber dieses Buch sähe sich lieber an den Wänden einer Galerie in Paris, London oder New York, als in Ihrem schnöden Bücherregal. An manchen Tagen hält sich dieser eitle Blätterhaufen sogar für ein Museum aus Papier und Farbe. Doch wenn Sie es erst einmal aufgeschlagen haben, werden Sie ihm seine Hochnäsigkeit bestimmt nicht nachtragen.

Was andere einst mit schönen Worten gemalt haben, wurde zwischen diesen Buchdeckeln nämlich im Original von den 98 bedeutendsten zeitgenössischen Künstlern zurückübersetzt, zusammengefasst und so ansehnlich mit Bildern beschrieben, dass sich dieses Buch durchaus etwas darauf einbilden kann.

UNVERKÄUFLICHES
EINZELSTÜCK
MUSEUM FÜR
SEHR TEURE
KUNST

"Ceci n'est pas un livre."
Dieses Buch

"Wirklich, ich habe das Buch nicht geklaut! Ich will jetzt meinen Anwalt sprechen!"
Giovanni S., Kunstbuchraubabstreiter

134

Schnapsideen

ACHTUNG: ALKOHOL KANN ZU GEDÄCHTNISVERLUST FÜHREN! ODER GEDÄCHTNISVERLUST!

Wenn Alkohol die Hosen an hat, dann fehlen sie nicht selten dem, der sich diesem flüssigen Übermutspender zuvor noch hingegeben hat.

In diesem Buch finden Sie 134 wahre Geschichten und Einfälle mit mindestens 30 Umdrehungen, ohne Netz und doppelten Korn: von A wie Arschbombe in die Hochzeitstorte machen bis Z wie Zirkusaffen adoptieren sowie das jeweils dazu motivierende alkoholische Getränk, kurz, eine echte Schnapsidee.

Wohl bekommts! Und nicht vergessen: Der Klügere kippt nach!

"Wo war ich in der Nacht von Donnerstag auf Sonntag? Und was ist das eigentlich für ein Buch?"
Weiß seinen Namen nicht mehr, aus Erfurt (vielleicht)

"Endlich wieder nüchtern. Darauf einen Drink!"
Linus F., doppelter Jägermeister

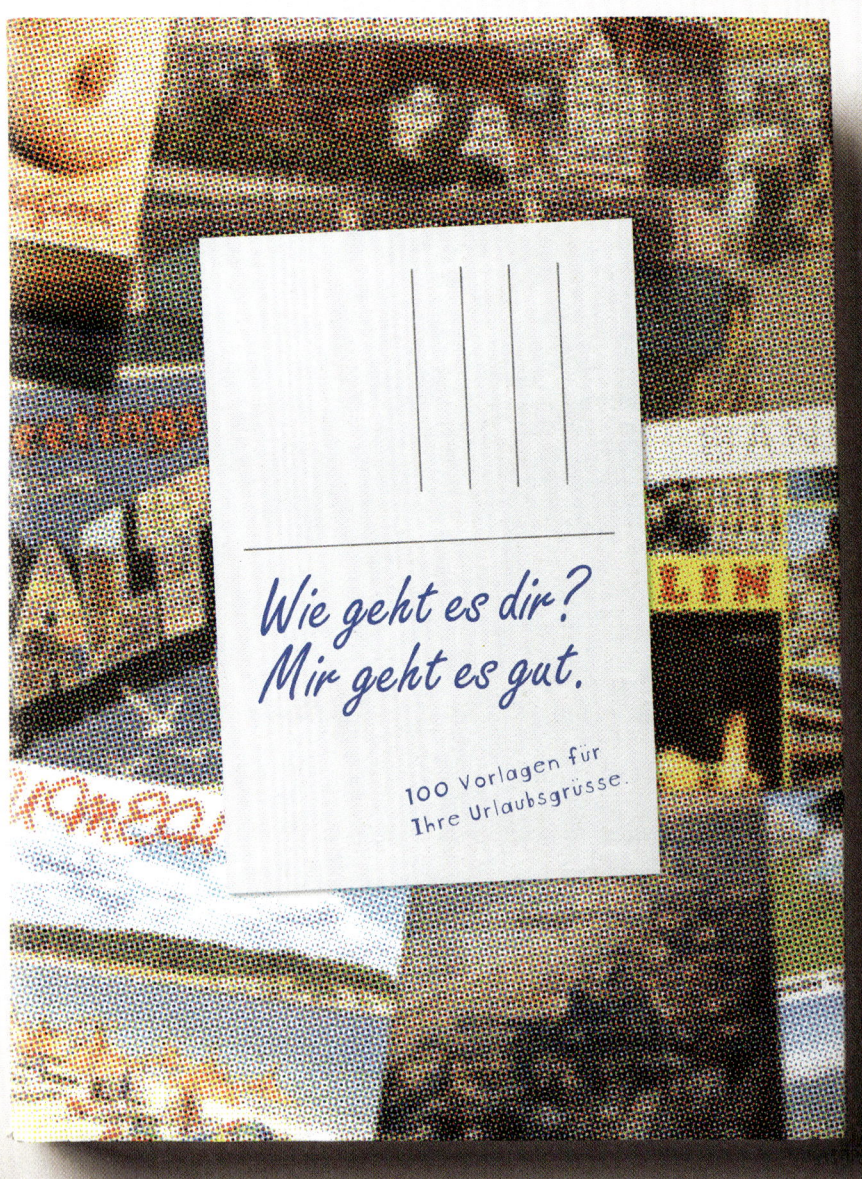

DIE LETZTEN FORMULARE ZUSAMMEN-
GETACKERT, DEN CHEF GERADE NOCH SO
KEIN ARSCHLOCH GENANNT, DEN LETZTEN
KUNDEN ERFOLGREICH ABGEWIMMELT —
ENDLICH FERIEN. DER MAI-THAI IMMER
HALBVOLL, DIE MASSAGE-FLATRATE GE-
BUCHT, DIE FÜSSE BAUMELN WOHLVERDIENT
IM PIPIWARMEN POOLWASSER. FEHLT NUR
NOCH JEMAND, DER EINEM DIESES LÄSTIGE
POSTKARTENSCHREIBEN ABNIMMT, UM DIE
LIEBSTEN DAHEIM EIN WENIG NEIDISCH ZU
MACHEN. MAX GOLDT ODER SVEN REGENER,
ZUM BEISPIEL. UND WENN DIE GRAD NICHT
KÖNNEN, NEHMEN SIE EINFACH DIESES
BUCH ODER SEINE AUTOREN* MIT.

*FIRST-CLASS-ANREISE SOWIE UNTERBRINGUNG IN EINEM
FÜNF-STERNE-HOTEL ERFORDERLICH.

KRUMME DINGER

und wie wir von ihnen
profitieren können

Wie war das noch mal mit der Banane? Wenn sie gerade wär,
wär sie keine Banane mehr.

Und wer fünfe gerade sein lässt, macht zumindest keinen
Unfug, legt er doch die Hände mehr oder weniger in den Schoß.
Dieses Buch ist ein Aufruf zum ästhetischen Ungehorsam,
zum Widerstand gegen die planmäßige Geradlinigkeit, gegen
eine konventionelle Erwartungshaltung.
Wir wollen das krumme Ding komplett entkriminalisieren.

Probieren Sie es aus:
Verabreden Sie sich mit notorischen Zu-Spät-Kommern um
8.17 Uhr statt um zwanzig nach acht. Kaufen Sie sieben Eier im
10er-Karton. Nehmen Sie Kochrezepte nicht mehr so genau,
lesen Sie Bücher nicht zu Ende. Pfeifen Sie auf Regeln, gehen Sie
Ihren eigenen Umweg und machen Sie sich einfach mal gerade
statt immer nur krumm zu buckeln.

«*Dieses provokante Meisterwerk ist ein Korsett in Buchform für
Menschen ohne Rückgrat, ein literarischer Bewährungshelfer für
Kavaliersdelinquenten, ein gesellschaftspolitisches Auftragsbuch,
das außerparlamentarische Straßenkämpfe zum Kaffeekränzchen
mit Dame degradiert.*»

Magdeburger Bürgerbote

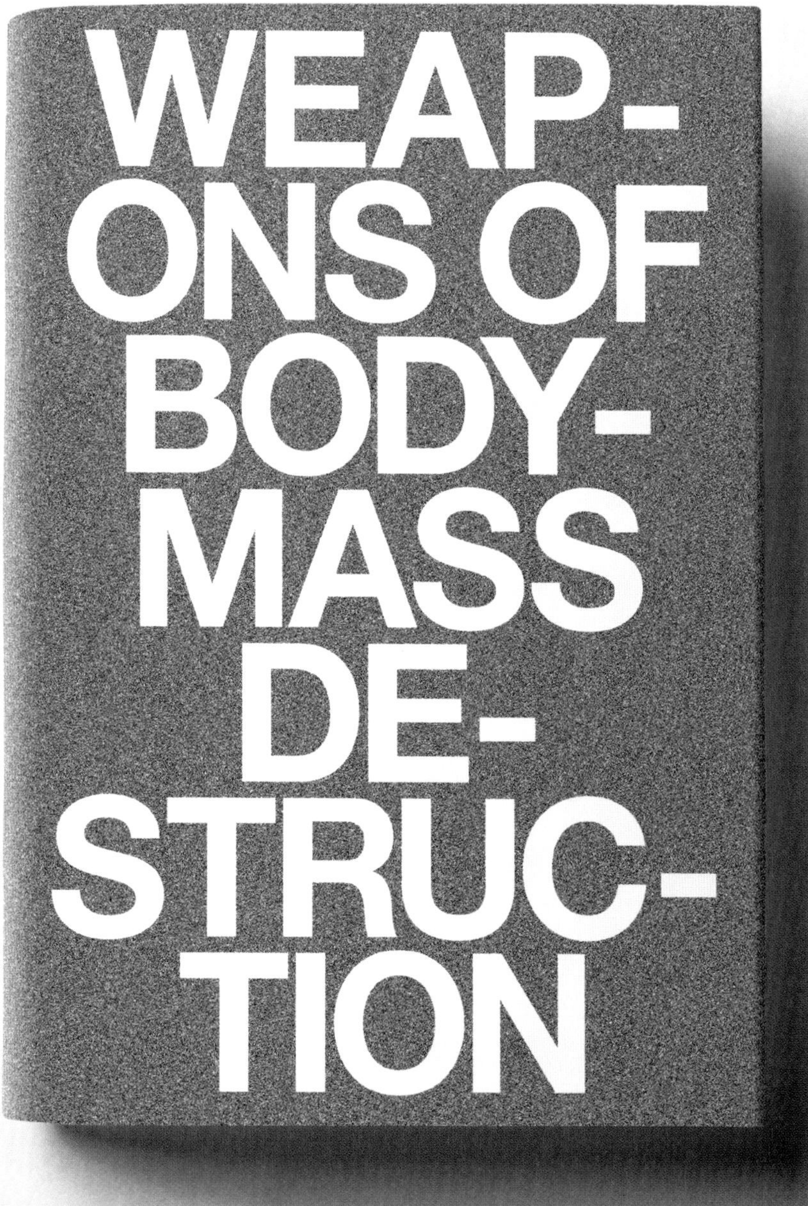
WEAP-
ONS OF
BODY-
MASS
DE-
STRUC-
TION

Carmen fühlte sich so hässlich, dass sie sich umbringen wollte. Aber statt Schlaftabletten nahm sie eine Überdosis Schönheitspillen.

Jetzt modelt sie für die großen Modehäuser, ist magersüchtig und hat ein handfestes Kokain-Problem.

«Eine schaurig-schöne Neufassung vom hässlichen Entlein. Pervers, nasenblutrünstig, chic. Hier wird kein Botox gespritzt, hier werden Falten mit Polyurethan ausgeschäumt.»
A. B.

«Tyler Durden würde glatt in die eigene Seife beißen, nur um einmal mit der Hauptfigur ins Bett zu steigen. I love it!»
E. N.

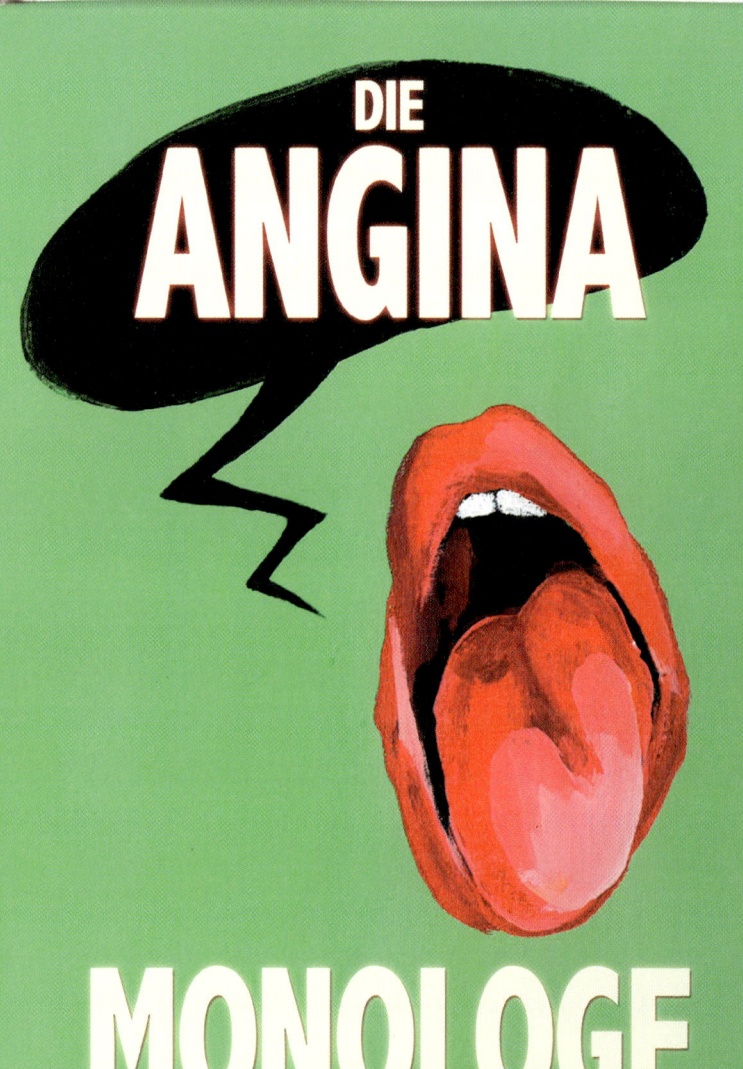

DIE ANGINA

MONOLOGE

MATT D. SEASE

Keine Einladung zum Essen, keine Umarmung, kein Küsschen auf die Wange: Du hast Angina – du bist raus! Warum muss das so sein? Über 80 Jahre nach Entdeckung des Penicillins sollten wir doch endlich unverkrampft mit unserer Angina umgehen können und sie wie einen guten Freund behandeln, der alle Jubeljahre einmal zu Besuch kommt. Stattdessen schließen wir uns beim ersten Anzeichen des nahenden Gastes ein, melden uns krank und reden höchstens noch mit unserem Arzt oder Apotheker. Doch wie fühlt sich unsere Angina dabei?

Matt D. Sease hat es herausgefunden, indem er 200 Menschen ganz unterschiedliche Fragen zu ihrer Angina stellte: Welche Musik hört deine Angina? Wohin fährt sie in den Urlaub? Hütet deine Angina etwa Geheimnisse? Was dabei herauskam, muss sich nicht mit dickem Schal und Kamillentee im Bett verkrümeln, denn es ist eine liebevolle Huldigung an eines der schönsten Gewächse im großen Garten der Indispositionen.

NR. 1

Cordula

Liebe in Zeiten schnurloser Telefonie

$\mathcal{Z}$um Frühstück ein frivoles Fax an Dr. Eduard. Vor dem Tee eine lüsterne Brieftaube an Sigmund vom Golfclub. Und zum Dinner ein schlüpfriges Telegramm an Graf von Tresenburg. Wir schreiben das Jahr 1984, und die ehemalige Schönheitskönigin Cordula hat ihre Verehrer fest im Griff. Geschickt spinnt sie mit den zarten Fäden ihrer Leidenschaft ein knisterndes Netz der Liebe und kann dabei immer auf das alte Geheimrezept ihrer weiblichen Vorfahren vertrauen – einen schmackhaften Kabelsalat, mit dem schon ihre Großmutter Monacos Selfmade-Millionäre um den Finger wickelte. Doch das Schicksal bringt die ersten schnurlosen Telefone auf den Markt und stellt Cordula vor die schwerste Frage ihres bis dahin von Glück durchfluteten Lebens: Wie geht Liebe ohne Schnur?

«Dieser Schriftsteller ist ein Herzchirurg.
Und sein Skalpell eine einfühlsame Feder.»
Apothekenrundschau

«So lebendig geschrieben,
dass ich es sogar post mortem lesen konnte.»
F. Nietzsche

«Was ist ein Diamant-Cockring?»
Luca, 6 Jahre

BÜCHER FÜR SEHR KURZE AUTOFAHRTEN, ZUM BEISPIEL ZUM BRIEFKASTEN.

GOTT VS. TEUFEL
ES KANN NUR EINEN GEBEN

EIN BLICK HINTER DIE KULISSEN
DER ULTIMATIVEN GAMESHOW

Wird im Himmel die Hölle los sein, oder wird das Fegefeuer ein für alle Mal ausgelöscht?

Eines Tages fand Gott eine sehr verstörende Nachricht auf seiner Mailbox.

«Hey, hier ist Luzifer. Hör mal, ich habe die Schnauze voll, hier unten abzuhängen, die Hitze ist schlecht für meinen Blutdruck. Und die Höhenluft bekommt dir auf Dauer auch nicht so gut. Also, lass uns ein für alle Mal klären, wer das Sagen hat. Und dann wird umgezogen ...»

Gerne wird diese Anekdote zum Besten gegeben, wenn man nach den Ursprüngen der wohl aufregendsten Spielshow aller Zeiten fragt, die nickelsüchtige TV-Produzenten ins Unendliche gestreckt haben.
Nach mittlerweile 665 Staffeln ist es aber nun an der Zeit, die wahren Hintergründe dieses «höllischen» Spaßes und «himmlischen» Vergnügens aufzudecken.
Holen Sie sich spannende Fakten und exklusive Bilder von den schönsten Momenten, z.B. der Teufel bei der Beichte, Gott lässt sich ein Pentagramm tätowieren und munteres Flaschendrehen mit dem Heiligen Gral.
Inklusive Homestorys und Meet-&-Greet-Gewinnspiel.

**«Ich wusste gar nicht, dass Gott auch auf den Thron muss ...»
Pater Franziskus**

Von Schlenzern und Bananenflanken.
Vom Abgeben und vom Annehmen.
Von den Öffnenden, den Tödlichen und den Unmöglichen.
Von allem, was in den Lauf, in den Rücken und ins Abseits passt.
Eine Betrachtung aus der Tiefe des Raums.

Schlechte Vergleiche
im Vergleich

mit einem
Zahnarztstuhl

Manche Vergleiche passen wie die Faust aufs Auge, andere eher wie der Fuß ins Ohr. Wieder andere siedeln sich irgendwo dazwischen an. Oder darunter. Denn es gibt nicht nur gute und schlechte Vergleiche, sondern auch hundsmiserable, oberlippenschweißtreibende, achselhaarspaltende und viel zu viele mehr. In diesem Buch werden die schlimmsten schlechten Vergleiche endlich hinsichtlich Leuchtkraft, Beschleunigung von 0 auf 100, Einwohnerzahl, Hubraum und Haarfarbe verglichen – und das bringt ein für alle Mal Struktur in den Lampenladen schlechter Analogien.

Wann ist der Punkt erreicht, an dem wir nicht mehr wegsehen können? Der Moment, in dem wir uns eingestehen müssen, dass der Generationenvertrag gescheitert ist und völlig neu aufgesetzt werden muss? Für den bekannten Politikwissenschaftler und Zoologen Frederick M. Hoder ist die Situation klar: wenn Omi und Opi nicht mal mehr Geld für trocken Brot aufbringen können, um die Enten zu füttern. Wozu haben sie denn jahrelang gearbeitet und in die Entenkasse eingezahlt – nur um dann später im Entenalter festzustellen, dass die Ente vorne und hinten nicht reicht? Hoder spricht sich in dieser Streitschrift vehement für eine Anhebung des Entenalters aus und wettert gleichzeitig gegen Investitionen in Privatenten. Dieser Mann will wachrütteln und insbesondere jungen Menschen ins Bewusstsein rufen, dass sichere Enten in einer immer älter werdenden Gesellschaft ein Grundrecht sein müssen.

Nachricht
Heute 20:49

Ich habe kein Buch geschrieben. Ich hatte keine Zeit.

Ok! Aber kannst du bitte Klopapier mitbringen?

Zugestellt

Ein SMS-Roman

Zugestellt

Warum geht uns der revolutionäre Geist des Aufbegehrens derart ab,
dass wir lieber Formulare ausfüllen, als daraus Papierflieger zu bauen?
Wir wollen nicht länger Silben klatschen, wenn der Popanz auftritt.
Wir wollen nicht länger der Stützstrumpf der Gesellschaftsthrombose sein.
Wir verweigern uns der Idylle deutscher Stillstandsstille.
Es wird Zeit, etwas zu ändern.

«*Die Kinder der ‹Petting statt Pershing – Generation›*
sind alt genug, um selber auf die Straße zu gehen.
Und dieses Buch wird ihre Fibel.»
Daniel C. aus P. in F.

«*Ich gehe jetzt auf die Straße. Und dieses Buch ist*
meine Fibel.»
Leonie, 17

wieso denken, wenn man g   🎤   🔍

wieso denken, wenn man g**olf spielen kann**
wieso denken, wenn man g**anz fest dran glaubt**
wieso denken, wenn man g**eradeaus schaut und ein auge schließt**
wieso denken, wenn man g**irls aus deiner nähe finden**
wieso denken, wenn man g**ooglen kann?**

Weitere Informationen

Zum Start der Suche Eingabetaste drücken

f**k google, ask me!

ie begegnet man dem Klimawandel, wenn
man ihm schon ins Auge blickt? Soll man
das Abschmelzen der Polkappen begrüßen
oder sich einfach umdrehen und wegrennen?
Wie verhält man sich in angespannter
Atmosphäre? Darf man die Ozonschicht
auf Löcher hinweisen? Ist es unhöflich,
Hitzewellen die kalte Schulter zu zeigen?
Wie sagt man Wetterextremen stilvoll
seine Meinung? Und wem darf man überhaupt noch die Tür aufhalten, wenn man
drinnen gerade die Heizung aufgedreht hat?

«Dieses Buch hat mir die
Augen geöffnet. Jetzt weiß
ich, wie furchtbar plump
ich mich verhalten habe.»
Katrina Hurrikan

BÜCHER, BEI DENEN ES EGAL IST, OB ES DER GÄRTNER WAR ODER NICHT.

ES IST NICHT MEIN FEHLER

DASS DU DACHTEST, HEUT WÄR DONNERSTAG

Müssen immer alle Tatsachen mit Fakten beginnen? Wäre es vielleicht auch plausibel, vom eigentlich Ursprünglichen auszugehen? Näheres und Weiteres aus den höheren und tieferen Abgründen menschlicher Unschuldsbestrebungen abzuleiten? Ein Versuch, die Schönheit der Schuld in Worte einzufangen.

Was macht ein 20-jähriges verzogenes Gelegenheitsmodel, Tochter eines der abgefeimtesten Investmentbanker des Landes, wenn ihr am Morgen nach ihrem Geburtstag eröffnet wird, dass sie von nun an auf eigenen, wohlgemerkt schlanken und schönen Beinen stehen muss? Die Centurion zerschnitten, das Mitte-Townhouse untervermietet, der Fuhrpark an die Kette gelegt: Da stand Annabelle nun mit 23,67 Euro auf der Straße und machte dicke Backen. In der rechten Hand das Single-Speed, mit der linken hielt sie an einer Hermès-Leine aus feinstem Rochenleder Kasimir, ihren 4-jährigen Chow-Chow, für den sie vor 3 Wochen noch einen öffentlichen Park mehrere Stunden sperren ließ, damit das arme Tier, das an Paruresis, der sogenannten schüchternen Blase, litt, mal wieder in Ruhe das Bein heben konnte.

«Spritzige Gesellschaftskritik, schonungslos und irre, als hätten Tom Wolfe und Tom Kummer die Welt gemeinsam aus den Angeln heben wollen. Wenn Sprachwitz wehtun würde, müsste man dieses knallharte Teenie-Drama auf der Intensivstation lesen.» Franz-Josef W. aus M.

eihnachten 1984. Während amerikanische Pershing-Raketen auf Moskau gerichtet sind, schreibt ein junger Schriftsteller an der deutsch-deutschen Grenze einen der wohl brillantesten Romane aller Zeiten. Doch wer soll sein Debütwerk «Keine Socken am Kamin» herausgeben? Im Schatten der Mauer liefern sich amerikanische und russische Verlage ein Wettrennen um die Erstlingsrechte. Als Verlagsagent Marko, Codename «Ingwerkeks», das Manuskript in die Hände bekommt, taucht er sofort mit ihm unter und sorgt so für das literarische Gleichgewicht der Supermächte. Eine Spurensuche.

REGELN SIND FÜR VERLIERER. WER TROTZDEM NICHT GEWINNT, IST ENTWEDER ZU GUT ERZOGEN FÜRS SCHUMMELN ODER ZU WENIG ÜBERZEUGEND BEIM INTERPRETIEREN VON SPIELANLEITUNGEN. DIE SIND NÄMLICH WIE DIE BIBEL: IRGENDWIE AUSLEGUNGSSACHE. HIER FINDEN SIE DIE WICHTIGSTEN SCHLUPFLÖCHER UND JURISTISCHEN SCHWACHSTELLEN DER 100 MEISTGESPIELTEN GESELLSCHAFTSSPIELE, ZUSAMMENGESTELLT VON DEN BELIEBTESTEN ABMAHNANWÄLTEN DES LANDES. INKLUSIVE VIELER TIPPS, WIE SIE IM UNERWARTETEN FALLE EINER NICHT ABZUWENDENDEN NIEDERLAGE WENIGSTENS ALLEN ANDEREN GRÜNDLICH DIE LAUNE VERDERBEN.

In einem wohlbekannten Wiener Kaffeehaus des 5. Bezirks treffen seit nunmehr 53 Jahren Herr A., ein Piefke wie er im Buche steht, und Herr B., ein Ober vom Scheitel bis zur Sohle, aufeinander. Kulturelle Unterschiede sind ihr gemeinsamer Nenner, Vorurteile werden wie Bonsais nur gestutzt und irgendetwas gilt es ja sowieso immer zu kommentieren. Angefangen hat es damit, dass Herr B. Herrn A. (auf der Durchreise) fragte „Mögn's no a kloanen Braunen?" und dieser recht schlagfertig antwortete „Nein Danke. Wir hatten schon einen. Das reicht für 1000 Jahre."

„Man könnte vermuten, Waldorf und Statler sind bei den beiden in die Lehre gegangen."
JH.

„Wiener Schmäh und deutscher Schmarrn. Arg leiwand!"
TZ

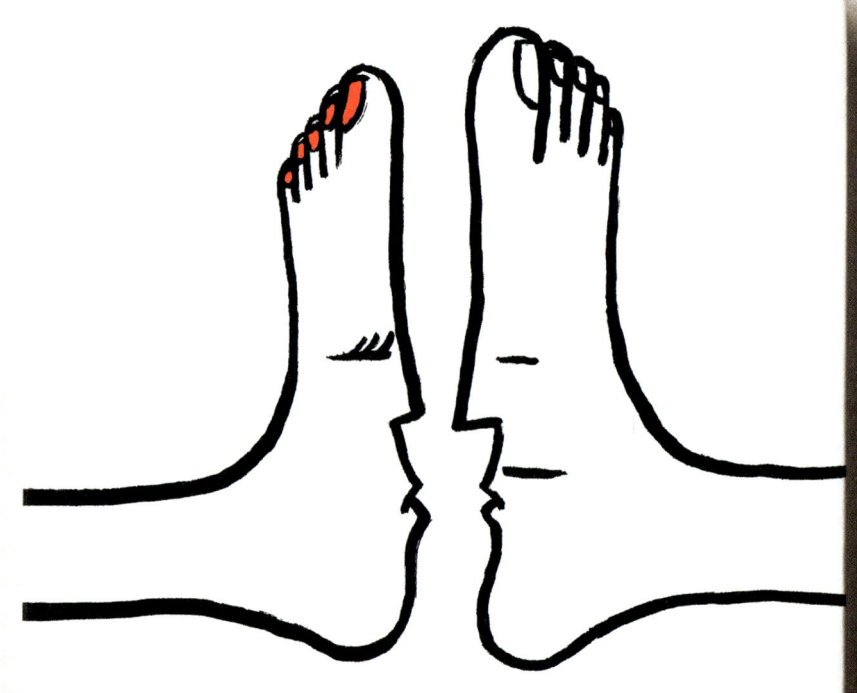

WENN DIE LIEBE WIE EINGESCHLAFENE FÜSSE SCHMECKT.

SEINE SÄTZE, IHRE BLICKE, DIE ZAHNPASTA –
WAS WAR NUR DAS ENTSCHEIDENDE PUZZLESTÜCK,
DAS DAS PERFEKTE BILD IM SPIEGEL DER ERWARTUNG
ZERSPLITTERN LIESS?
SPÜREN SIE JEDE SCHERBE NACH – DIE ERGREIFENDEN
GESCHICHTEN VON 20 PAAREN, DEREN LIEBE IM
DURCHLAUFERHITZER DER ALLTÄGLICHKEIT VERPUFFTE.

NÖ!

Wer ist Sabine Maja Bremermann?

Um dem auf den Grund zu gehen, muss man nicht
zwingend bei der Frage nach dem Gegenteil beginnen.
Tut man es aber doch, kommt man mitunter zu wenig
hilfreichen Ergebnissen: ein extrovertierter Japaner
mit Hang zu Keloidnarbenbildung, ein pfirsichfarbenes
Bettlaken aus Satin, Karl Lagerfeld, ein Bierlasterfahrer
aus Rumänien, ein Zitronenschnitz auf dem Boden der
überschätzten Szene-Pizzeria um die Ecke, das Regal
in einem Fachhandel für Bürobedarf, ein akrophober
Wellensittich, die neurotische Inhaberin eines Block-
flötengeschäfts in Münster oder jemand, der nie alles
hinschmiss und kein Buch schrieb.

«Ich dachte, hier kommt ein Blumenladen hin?!»
Nicht Sabine Maja Bremermann

FAST UND FEHLGESCHLAGEN

WER KENNT NOCH CARL-PETER HANSELMANN, DER SEINER VERLOBTEN EINE ERFOLGREICHE RAUBSERIE VERSPRACH UND BEREITS BEIM ERSTEN VERSUCH, DEN TRESOR IN EINER INDUSTRIELLEN-VILLA ZU KNACKEN, SO VIEL SPRENGSTOFF VERWENDETE, DASS DER TRESOR, DER KELLER, DIE VILLA, DIE STRASSE UND DER GANZE REST DES ORTES IN SCHUTT UND ASCHE GELEGT WURDEN, WEIL ER LAUT ZEUGEN MEINTE «WENN SCHON, DENN SCHON»?

UND WER WEISS, DASS ES EINE TUNNELBANDE GAB, DIE SICH DEN DIREKTEN WEG ZU DEN SCHLIESSFÄCHERN EINER GROSSEN DEUTSCHEN BANK GRABEN WÄHNTE, DABEI ABER AN DER BIS DATO VERSCHWIEGENEN RECHTS-LINKS-SCHWÄCHE IHRES ANFÜHRERS SCHEITERTE?

LESEN SIE DIE TRAGIKOMISCHEN GESCHICHTEN VON MENSCHEN, DIE SICH NACH FINANZIELLER SELBSTSTÄNDIGKEIT SEHNTEN UND IM ENDEFFEKT DOCH WIEDER AUF STAATSKOSTEN LEBEN MUSSTEN.

«CRIME DOESN´T PAY BUT THE HOURS READING ABOUT IT ARE GREAT.» R.BIGGS (†),UK

31.12.1988. es ist kurz vor 18.00 uhr. die halbe nation sitzt vor der flimmerkiste und wartet mal wieder freudig gespannt auf freddie frinton und seine feuchtfröhliche tigernummer. doch statt des erwarteten *same procedure as every year* wäre alles fast ganz anders gekommen. am anderen ende der welt. genauer gesagt in einem handelsüblichen videorekorder. der im sendezentrum im fünften stock des ministeriums für staatssicherheit und internationale information in peking steht. wartet nämlich der größte propaganda-coup. den der kalte krieg bis dahin gesehen hat. auf seinen einsatz: die neujahrsansprache der kp. verpackt als sylvester-sketch.

eine schier unglaubliche spionagegeschichte. pikanter als huhn mit 1000 köstlichkeiten und unvorhersehbar wie ein glückskeks.

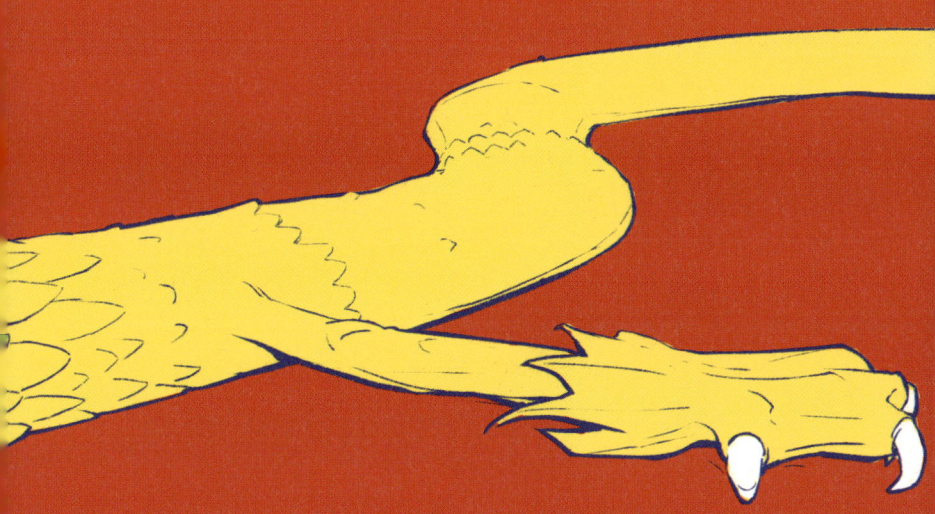

EINEM VERRÜCKTEN LEBENSMIT-
TELCHEMIKER GEHEN DIE ZUTATEN
AUS, UND ALLES, WAS IHM BLEIBT,
SIND ANDERTHALB TONNEN WELT-
EKEL UND UNMENGEN BUNTES
STANIOLPAPIER. DAS ENDE DER
WELT IST VORPROGRAMMIERT.

„NUKLEARER HOLOCAUST, ALIEN-
INVASION, ZOMBIEHERRSCHAFT,
KILLERVIRUS... MAL EHRLICH:
DIE MEISTEN ENDZEITSZENARIEN
SIND DOCH AUSGELUTSCHT.
DIESES HIER JEDOCH WIRD IHNEN
AUF DER ZUNGE ZERGEHEN."
ENDZEIT-MAGAZIN

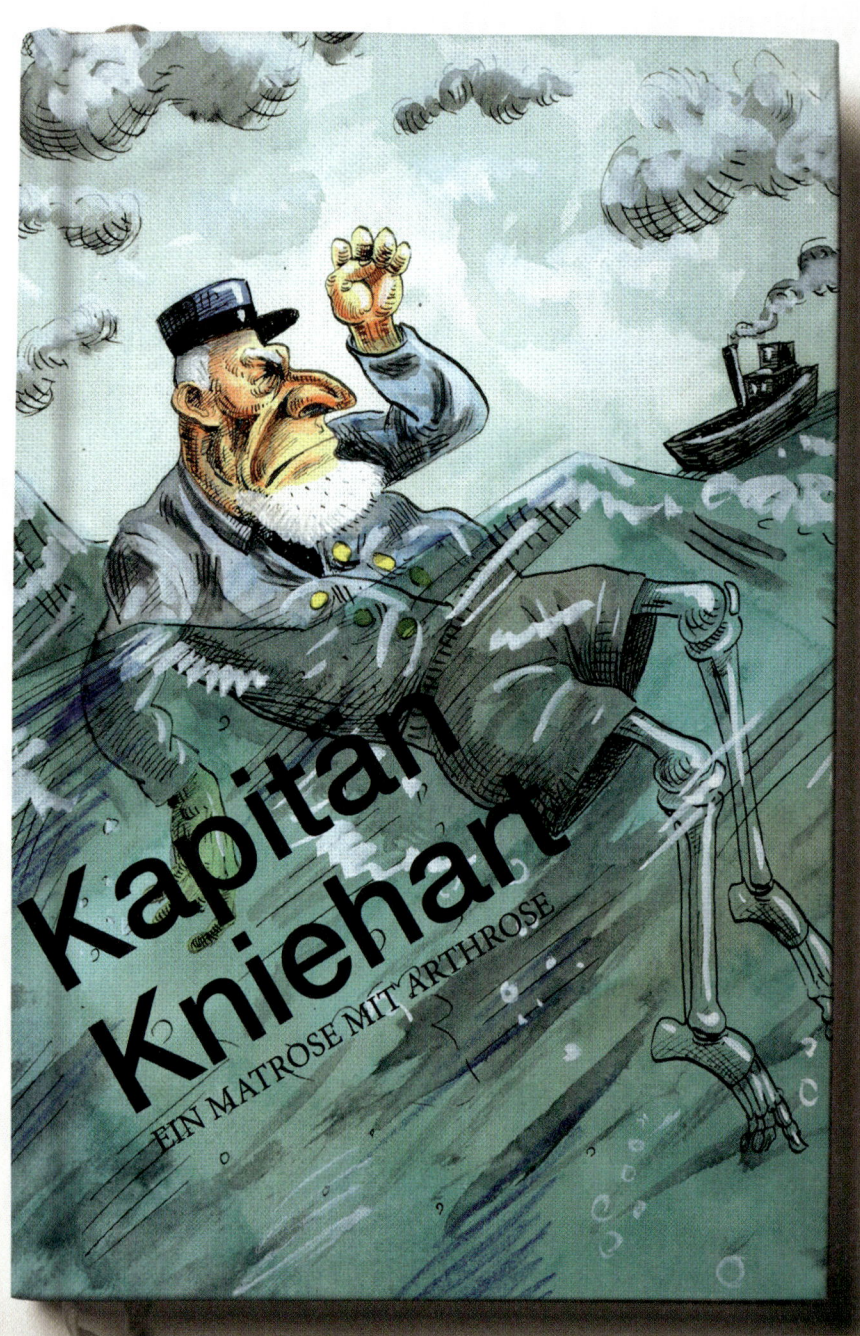

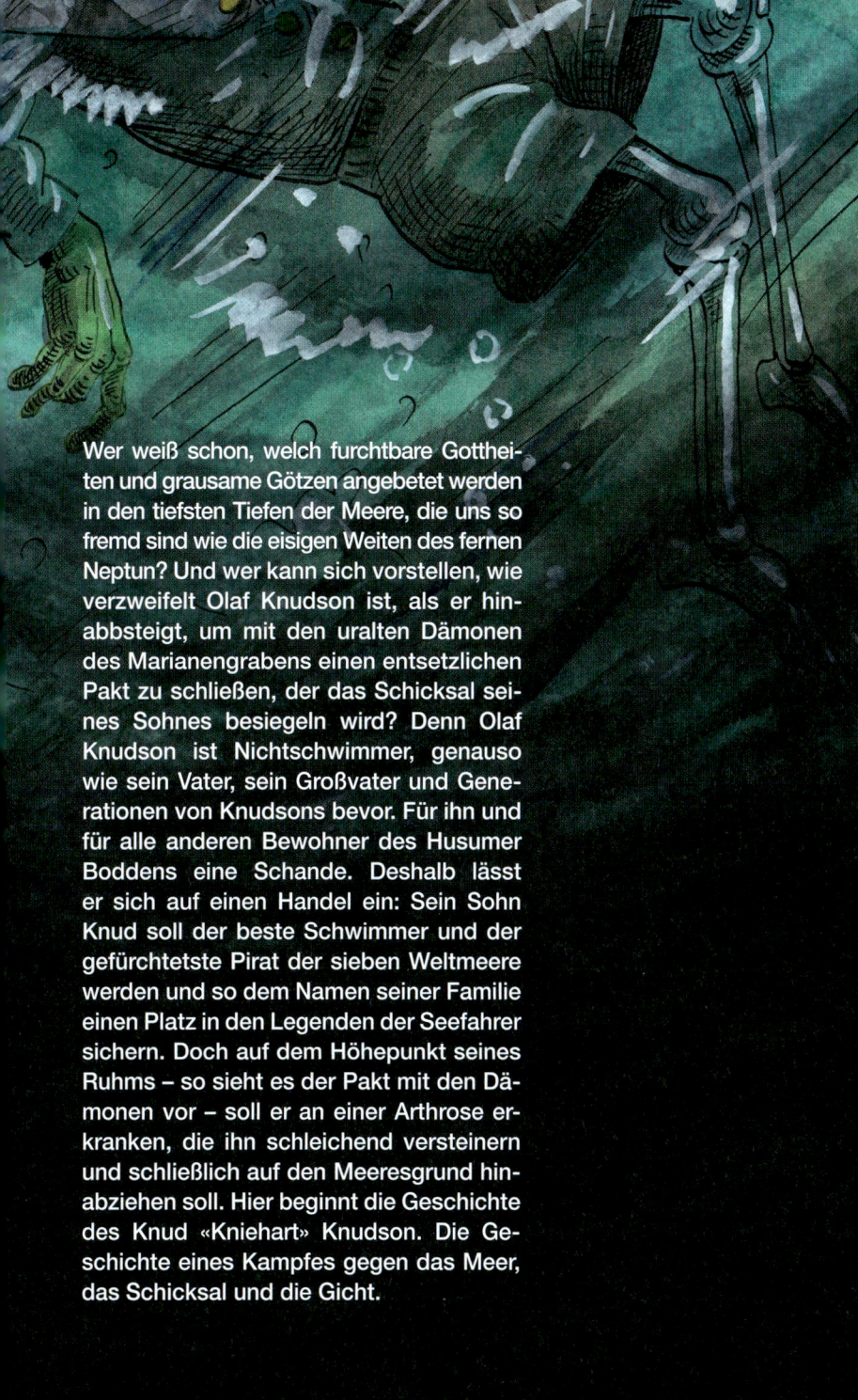

Wer weiß schon, welch furchtbare Gottheiten und grausame Götzen angebetet werden in den tiefsten Tiefen der Meere, die uns so fremd sind wie die eisigen Weiten des fernen Neptun? Und wer kann sich vorstellen, wie verzweifelt Olaf Knudson ist, als er hinabbsteigt, um mit den uralten Dämonen des Marianengrabens einen entsetzlichen Pakt zu schließen, der das Schicksal seines Sohnes besiegeln wird? Denn Olaf Knudson ist Nichtschwimmer, genauso wie sein Vater, sein Großvater und Generationen von Knudsons bevor. Für ihn und für alle anderen Bewohner des Husumer Boddens eine Schande. Deshalb lässt er sich auf einen Handel ein: Sein Sohn Knud soll der beste Schwimmer und der gefürchtetste Pirat der sieben Weltmeere werden und so dem Namen seiner Familie einen Platz in den Legenden der Seefahrer sichern. Doch auf dem Höhepunkt seines Ruhms – so sieht es der Pakt mit den Dämonen vor – soll er an einer Arthrose erkranken, die ihn schleichend versteinern und schließlich auf den Meeresgrund hinabziehen soll. Hier beginnt die Geschichte des Knud «Kniehart» Knudson. Die Geschichte eines Kampfes gegen das Meer, das Schicksal und die Gicht.

Sybille Prost

Wenn die Dichten in Kreisen gehen

Herzroman

Im Jahr 1856 kehrt der kaiserlich-königliche Naturforscher
Alois von Heydering von einer Südamerika-Expedition
zurück und verzückt die Kaiserin mit feschen Kartierungen,
exotischen Gewächsen und einem Zitteraal aus dem
Amazonas-Becken. Doch der eifersüchtige und durchtriebene
Hofarzt Dr. Steen vom Stein untersucht den Aal und
diagnostiziert Parkinson bei ihm. Handelt es sich also gar
nicht um einen echten Zitteraal? Ist alles nur eine Lüge, die
Expedition eine Farce und von Heydering ein Schwindler?
Als sich die beiden Kontrahenten zum Duell gegen-
überstehen, kommt es zu einer überraschenden Wendung:
Friedvolle Klänge ertönen aus den Tiefen des Zillertals
und erfüllen die Herzen der beiden Duellanten mit nichts
als Liebe und Vergebung. Doch wer ist es, der hier so
kunstvoll und zum Wohle aller auf der Zitter spielt? Die
faszinierende Antwort steht exklusiv in diesem Buch
(und reimt sich auf Knitterschal).

Heer & Dame Verlag / Rosenweg 23a / 22375 Eberbach

ALS EX-MIKADO-PROFI TONI HERAUSFINDET, DASS SEINE FRAU WARGOT BEIM KREUZWORTRÄTSELN SCHUMMELT, HECKT ER EINEN FIESEN PLAN AUS: SEIN FREUND UND HUNDETRAINER MR. LESDOOR SOLL MIT VERSTELLTER STIMME BEI WARGOT ANRUFEN, WÄHREND DIESE AUF PARKPLATZSUCHE IST UND SIE SO ZUM FALSCHPARKEN VERLEITEN. DOCH MR. LESDOOR HÖRT IM RUNDFUNK VON STAU UND STOCKENDEM VERKEHR AUF DER A9 UND NIMMT DARAUFHIN EINE JOHANNISKRAUTKAPSEL ZU VIEL. AUSSERDEM HAT WARGOT JA GAR KEIN AUTO. DIE GESCHICHTE ENDET DAMIT, DASS DER PLAN NICHT FUNKTIONIERT.

«SPANNUNGSFREI UND VORHERSEHBAR:
NACH MEINER DRITTEN BYPASS-OPERATION GENAU DAS RICHTIGE!»
NORBERT L., PASSIONIERTER LESERBRIEFSCHREIBER

Großer Preis der Jury

LESERATTEN GEGEN BLUTHOCHDRUCK E.V

BÜCHER, DIE MAN VOR DEM KAMIN LESEN UND DANN HINEIN- WERFEN SOLLTE.

It takes two to tango, at least.
Was in singulärer Begrenzung noch einfältig
daherkommen mag, wächst bei mindestens
Verdopplung zu ungeahnter Größe an.
Eine Kuh macht Muh, und viele Kühe
machen Mühe, soweit so gut.
Aber dass die Ge**MEIN**de doch eher unter einer
egoistisch geprägten, possessivpronominellen
Geisteshaltung zu leiden scheint, während man
bei der Ge**UNSERE** den Grundgedanken von
Teilen wortwörtlich auf der Zunge trägt,
erschließt sich erst
bei pluralistischer Betrachtung.
Dieses und viele andere Kunstgriffe deutscher
Sprache, Kleinode teutonischer Orthographie
und Ausgeburten linguistischer Kleinkunst sind
in diesem Büchlein zusammengefasst.

*«Mit diesem Werk ist den Autoren
ein aufklärerischer Nackenfangschlag
lutherischen Ausmaßes geglückt.»*
J. ECK. BEI LEIPZIG

WIR BEFINDEN UNS IM JAHR 7001. SEIT
ÄONEN HERRSCHEN HYPERINTELLIGENTE
FISCHE ÜBER DEN PLANETEN. ALS DIESE
IN EINEM EISBERG DEN LETZTEN MENSCHEN
FINDEN, MUSS ER FÜR DIE MISSETATEN
SEINER AUSGESTORBENEN ARTGENOSSSEN
GERADESTEHEN. EINS SEI HIER SCHON
VERRATEN: DER HERR KENNT GNADE, DER
HERING NICHT.

WIE DU SCHON SAGTEST: ICH ZITIERE DICH.

DER BREITSPUR-LIEBHÄNDEL-BRIEFWECHSEL

Rainer Liebhändel und Walter Breitspur gehören zu den populären Unbekannten provinzieller Weltliteratur, die die Sprache durch Reduktion auf widerspruchsfreie Oxymorone bereichern wollten. Ihre ersten Versuche, den Ausdruck zu revolutionieren, werden mit der Abschaffung aller Zeitformen bis auf Futur II begonnen haben, was sich jedoch als unpraktisch herausgestellt haben wird. Mit Mitte 30 kehrten sie daher kurz zur gewöhnlichen Grammatik zurück, um dann, in einem sekundären, zweiten experimentellen Versuch, kommunikative Sprache penibel und strikt tautologisch-redundant zu verwenden und zu benutzen. Genauso wie ihr Serviervorschlag, den Inhalt all ihrer Texte aus dem unsinnigen Kontext fröstelnder Walddrachen zu reißen, stellte sich dies als langweilig heraus. Am Abend ihres Lebens witterten sie frische Luft, als ihnen ein Licht aufging und sie auch die Idee, ausschließlich abgedroschene Metaphern zu verwenden, begruben. Erst ihr legendärer Briefwechsel, der nur aus Zitaten von Briefpassagen des jeweils anderen bestand, machte sie bekannt. Jedenfalls miteinander.

ICH UND ELLIE

Eine sachliche Geschichte

Das Ganze ging los, sach ich mal, so vor 3 Jahren.
Ellie, ich sach mal, die hat das Ganze eigentlich eingetütet.
Also, mal ganz von vorne.
Ellie kam nach Hause. Und ich sach so «Ellie», sach ich.
«Wo kommst DU denn wohl gerade her?», sach ich.
Und Ellie sacht «Na, wo soll ICH denn wohl gerade
herkommen?»
«Ja», sach ich zu Ellie, «wo sollst DU denn wohl gerade
herkommen?»
«Ja», sacht Ellie, «wo soll ICH denn wohl gerade herkommen?»
«Hm», sach ich, «sach doch mal.»
Also sacht Ellie zu mir «Ich sach mal so.
Vonne Arbeit komm ich.»
Ich sach «Wie, vonne Arbeit kommst du? Jetzt?»
Sacht Ellie «Ja, was soll ich sagen?
Ich komm JETZT vonne Arbeit.»
Ich sach, «Ellie», sach ich. «Du kommst JETZT vonne Arbeit?»
«Ja», sacht Ellie «ich komm JETZT vonne Arbeit.»
«Sach bloß», sach ich.

«Tiefstes Literatur-Prekariat. Sprachlich auf dem Niveau eines
unterentwickelten Cro-Magnon-Menschen, inhaltlich bietet jedes
handelsübliche Vakuum mehr Abwechslung.
Wenn Worte Steine wären, dieses Buch wäre der Turmbau zu Babel.»
Roger W.

«Ich hatte Tränen in den Augen. Tränen der Wut, der Verzweiflung.
Warum schreibt jemand so etwas? Warum, warum, warum?
Oh Gott ... ich bin so wütend ...»
E. Heidenreich

Roman Welcher

**DER FALL
DER ALTEN
DAME.** *Und schöne
Sachen aus
Salat.*

Nominativ, Akkusativ, der Fall war klar.

Auf dem Weg zum Doktor, der seinen Hermelin mit Portwein zu parfümieren pflegte, fiel der Lady die alte Welt auf. Zu beunruhigen schien das jedoch keinen der umstehenden Parapsychologen. Trotzdem, oder vielleicht gerade deshalb rügte der Plantagenbesitzer nur die sitzenden Polaroid-Fotografen der Salatlobby. Es rüttelte am Haupttor, die Elfen fielen hinunter, und die Geschichte nahm ihren unabwendbaren Lauf.

KOCHKUNST

Rothko an Mais

Die Balsamico-Creme launisch schwungvoll im Zickzack
über dem Teller ausleeren – das bringt längst keinem
Gastgeber, der etwas auf seine crédibilité à table hält, mehr
des regards admiratifs ein. Raffiné nennt dies nur noch
die Hollandaise-Bourgeoisie, und Kochen an sich ist schon
lange keine Kunst mehr.

Auf die Verpackung kommt es an – mehr denn je, les yeux
essen schließlich mit und sind de nos jours gewohnt,
etwas geboten zu bekommen. Also kleckern Sie nicht lang
und tischen Sie Ihren convives die großen Meister aus
aller Welt auf.

170 Rezepte mit Bild plus 40 Schnellkochvarianten in der
Rubrik «Time is Monet».

Beim wahllosen Surfen im Internet findet der Online-Redakteur einer großen deutschen Illustrierten einen verwaisten Tumblr-Blog. Der Klickzähler verrät ihm, dass er erst der Zweite ist, der diese Seite besucht, und er beginnt – aus Neugier oder Mitleid –, im Blog des Users «NeoNbraun» zu lesen. Was er vor sich sieht, ist das authentische Abbild eines Lebens zwischen Rhabarber-schorlen, Jute-Beuteln und flaumigen Oberlippenbärten: Es sind die verschollen geglaubten Hipster-Tagebücher.

07.04.06
Endlich raus aus Nürtingen. Fuck the landleben. Omis Plätzchen hab ich in den Bio-Müll geworfen, obwohl sie eine Backmischung mit Konservervierungsstoffen benutzt. #breakingthelaw

09.08.10
Neues Projekt: Vor großen Kunstwerken laut pupsen und mich selbst dabei filmen. Ich nenne es fART. #davincimyass

05.03.12
(letzter Eintrag) Ich halte es nicht mehr aus, wieso kopieren alle meinen Style? Ich bin Berlin Mitte, bitches. #realness #suicide

Max saß auf der Schaukel, die an dem alten Baum hing, der genau auf der Grundstücksgrenze stand. Er schaute gespannt zum Nachbarhaus, wo dieser riesige Möbelwagen in der Einfahrt parkte. Er musterte die beiden Möbelpacker, die mit ihren kräftigen Händen die Umzugskisten auf ihre Schultern wuchteten, als wären es Kopfkissen. Max fragte sich, wann er wohl stark genug wäre, um selbst solche Kisten zu tragen. Plötzlich tauchte hinter den beiden Möbelpackern ein blondes Mädchen auf.

Sie versuchte etwas Langes, Eingewickeltes hinter sich herzuziehen Dann entdeckte sie Max auf der Schaukel. «He, du da, hilfste mir?», schnaufte sie in seine Richtung, während sich das lange Etwas hinter ihr nicht einen Zentimeter bewegte.

«Klar!», rief Max, sprang von der Schaukel und lief auf die alte rostige Gartenpforte zu.

Dabei rutschte er auf einem Stück Rasen aus, das noch feucht vom Morgentau war, und rasselte mit dem Kopf gegen den hölzernen Türpfosten. Als er wieder zu sich kam, saß das Mädel neben ihm und hielt ihm einen Metalllöffel an die Beule auf seiner Stirn.

«Mann, wie töffelig bist du denn? ... Aber das hier kühlt», lachte sie, als sie sah, dass er die Augen öffnete.

«Zwei Kinder und ein Baum, der zwischen ihren Häusern steht. Und alles wächst. Eine wahre Kinder-Saga. Tief berührend.»

H. Klawitter, Kinderarzt

Die Strandhaubitze (gestade peng) ist ein gepanzertes Soldatier mit einem etwa 15 cm großen Knallkopf – in freier Wildbahn begegnet man ihr aber meist in einem trendbewussten Tier-Camouflage-Mix. Lebensraum der Strandhaubitze sind flache Uferstreifen. Unter Zuhilfenahme von Marschmusik bewegt sie sich aber auch im Gelände unbeschwert. Strandhaubitzen stellen grundsätzlich keine Gefahr für Zivilisten dar und greifen üblicherweise nur zu Verteidigungszwecken an – es sei denn, man hat Pech oder verletzt ihren Stolz bzw. ihre Privatsphäre indem man sie ansieht oder anspricht. Ihre Entrüstung darüber zeigt die Strandhaubitze für gewöhnlich mit Aufrüstung. Manchmal sind auch Deutsche unter den Opfern.

Wäre das Universum nicht so vernünftig gewesen, ein solches Geschöpf gar nicht erst in serielle Produktion auf die Erde zu geben, wären Strandhaubitzen – da sie auf dem Gebiet der Fortpflanzung leider überhaupt keine Granaten sind – ähnlich wie Halbseidenraupen, Papier-Uhus oder Siebenuhrzeitkrebse vermutlich längst ausgestorben.

«Vielen Dank, dieses Buch hat mir das Lesen gerettet!»
Deutscher Leseaffenpräsident a.D.

«Kennt sich hier zufällig jemand mit Genmanipulation aus?»
Wladimir P.

Hans-Christian Biller

Love, Peace
& Chardonnay

Wenn er etwas hatte, war's Fantasie. Dann gab er alles auf und schrieb ein Buch.

«Stimmt.»
Hans-Christian Biller

«Darauf einen Dujardin.»
Hans-Christian Biller

«Ich liebe sein Werk. Nicht nur, weil ich ihn von früher her kenne.»
Hans-Christian Biller

«Findet der das mit den Zitaten etwa lustig?»
Hans-Christian Biller

«Selten so gelacht!»
Hans-Christian Biller

BÜCHER, DIE MAN NUR
LESEN SOLLTE, WENN
MAN GERADE WIRKLICH
NICHTS ANDERES ZU
TUN HAT.

DER IRREFÜHRER

ROM

Die schönsten Parkhäuser. Alle Pyramiden.

Jetzt mit fehlerhafter Karte!

Landen Sie dort, wo Sie wirklich niemals hinwollten und entdecken Sie die spanische Hauptstadt mit ihren Grachten und Fixerstuben von ihrer ödesten Seite: Mit dem Irreführer verlieren Sie innerhalb kürzester Zeit garantiert Orientierung sowie Nerven, suchen die szenigsten Bars vergeblich, verpassen die aufregendsten Shows, langweilen sich im abgelegensten Hotel und erleben kulinarische Tiefpunkte, direkt im Kniegelenk der Stadt. Inklusive Hundehaufen-Audioguide zum selber Vorlesen und vieler toller Tipps, wie Sie am umständlichsten Ihr gesamtes Geld verschwenden. Von führenden CosmopolitInnen abgelehnt.

"Vergessen Sie Ihre Krankenkassenkarte nicht!"
Wilma F., Reiseleiterin.

"Wo bin ich???"
Rudi, 36 Jahre

ICH GESTALTE MEINE FREIZEIT

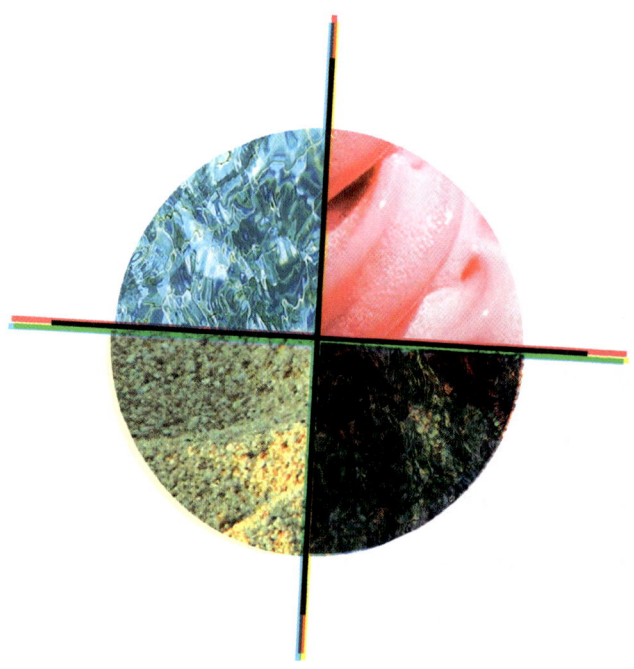

DAS LEBEN

DESIGNER

ENTDECKEN

Die Form folgt der Funktion, doch der Designer folgt seinem eigenen Kopf. Er denkt nicht nur über Nützliches nach, sondern über Schönes und Verrücktes, er stattet Ideen mit Knöpfen und Träume mit Schubladen aus. Er verpasst Visionen einen Henkel, ein Ziffernblatt oder einen Knauf. Aber für wen? Oftmals für gierige Agenturbosse, für stilistische Trittbrettfahrer und einfallslose Pinsel, die sich nur in der Kunst des Geldverdienens verstehen. Ein ganzes Heer von jungen Designern – die Generation CMYK – gestaltet die ästhetischen Träume anderer, und nur die wenigsten von ihnen können aufwachen. In diesem Buch zeigen zwölf Kreative, wie sie nur noch das gestalten, was ihnen Spaß macht – ihre Freizeit.

KOMPENDIUM

**zur seriellen Manufaktur
ebener Cellulose-Rotunden für
hedonistische Okkasionen.**

In welcher Quantität ist vorbehaltlich pro räumlich und qualitativ einmaligem Einzelwesen zu fakturieren? Wie viele divergierende visuelle Reize im Bereich zwischen 380 nm und 780 nm des elektromagentischen Spektrums sind maximal und pro toto bei für nicht-behördliche Zusammenkünfte angefertigte Cellulose-Rotunden zwecks Sublimierung der augenblicklichen Gemütslage optimal? Und wäre eine Komparation der Komplexität in diesem Ressort per se erstrebenswert?

Mit diesem Druckerzeugnis gelangen Sie an die als maximal definierte Anzahl relevanter Kenntnisse – Ihre grundlegende Fähigkeit als Voraussetzung zur Erlangung der spezifischen Fertigkeit zum Falle gesetzt – in Bezug auf den einschlägig sachbezogegenen Themenbereich der Cellulose-Rotunden-Manufaktur.

Hast du Hunger?
Dann iss etwas.

Hast du Durst?
Dann trink etwas.

Möchtest du einen Archaeopteryx sehen?
Dann geh ins naturwissenschaftliche Museum.

In aufregenden und unruhigen Zeiten wie diesen
ist es unabdingbar, gerade auf die essenziellen
Fragen befriedigende Antworten zu bekommen.
Schluss mit Tarot-Karten, Glaskugeln und
Magic Ball. Nie wieder Séancen, Out-of-Body-
Erfahrungen und Telekinese-Anwendungen.
Nimm dein Leben wieder selber in die Hand.
Keep it simple – be happy.

«Willst du dieses Buch lesen?
Dann kauf es dir.»
Die Autoren

«*Warum sind Sie kreativ geworden?*»
Das war meine Stimme.
Ich hatte sämtliche Fragen, die ich mir selber stellen
wollte, auf einen alten Anrufbeantworter gesprochen.
Nun spielte ich sie wieder ab, um mich bei der
Beantwortung mit dem Smartphone aufzunehmen.

«*Ich bin auf der Suche.*»
Was Besseres fällt dir also nicht ein, dachte ich mir.
Das ging ja gut los. Ich drückte wieder auf die
Playtaste des Anrufbeantworters.

«*Warum haben Sie keinen vernünftigen Beruf erlernt?*»,
hörte ich mich sagen. Meine Stimme klang
provozierend. «*Alter...!!*», rutschte es mir raus.

«*WAS ist denn bitte ein vernünftiger Beruf?*»
Ich versuchte mich selbst nachzumachen.
Irgendwie hilflos. Egal, weiter im Programm.

«*Was war Ihr erstes sexuelles Erlebnis, an das Sie sich
erinnern können?*»
«*Ach, leck mich doch ...*»
So hatte das doch alles keinen Sinn. Ich stand auf und
schrieb ein Buch.

«*Wenn das der neue Stil von Autobiographien sein soll,
kann es nicht mehr lange dauern, bis auch
Gummibäume aus ihrem Leben berichten wollen.*»
Lesezirkel Gütersloh

Silvio kann super kickboxen, aber Kevin hat den längsten Base-
ballschläger. Wen soll man wählen, wenn es im Ultrablock nur so
vor attraktiven Typen wimmelt? Für die 14-jährigen Hoolmädchen
Vanessa und Laura-Nicole ist die Vorgehensweise klar: einfach
den Schwangerschaftstest entscheiden lassen.

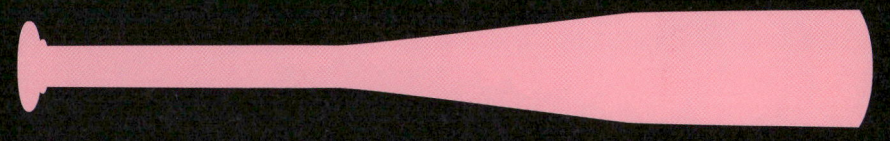

Sie zeigen uns die Fotos vom letzten Urlaub, lassen Buchstaben und geometrische Figuren in wilden Kurven durch virtuelle Räume tanzen und beginnen erst dann mit der Arbeit, wenn alle anderen damit aufhören: Bildschirmschoner. Doch die Diener des Displays stehen kurz vor der Revolte. Von kürzeren Stand-by-Zeiten ist die Rede, sogar von ganz neuen Systemeinstellungen. Erfahren Sie jetzt die ganze Wahrheit über die heimlichen Helden des Büroalltags.

«Noch nie wurde so hautnah über die Screensaver-Szene berichtet wie in diesem packenden Insiderbericht.»
A. McIntosh

Das Jahr schreitet Tag für Tag voran und muss sich nicht mal dafür anstrengen. Ganz anders der Freelancer: Er akquiriert und rechnet ab, er fängt Projekte an und bricht sie ab. Er kennt weder Wochen- noch Urlaubstage und seine Kollegen sind ihm oft so fremd wie ein geregeltes Gehalt. Klar, dass es hierfür eine gehörige Portion Motivation braucht. Und das jeden Tag aufs Neue.

«Koks war gestern. Gebt mir 'ne Deadline!»
(01.01.)

«Ich häng' mich rein, und Sie hängen noch 'ne Null dran.»
(09.05.)

«Tag der Abrechnung. Hauptrolle: Ich.»
(28.06.)

«Ist der Sommer so heiß, oder ist das meine Akquise?»
(09.08.)

«Das Schönste am Freelancen ist das Faulancen danach.»
(27.12.)

Das wird der Winter

des Jahres

Von der Kunst, wirklich alles optimistisch zu sehen.

Warum messen wir immer den außergewöhnlichen Momenten den größten Wert bei? Und warum warten wir immer am sehnsüchtigsten auf die Dinge, die dann doch nicht eintreten? Wer die Kunst beherrscht, wirklich alles optimistisch zu sehen, ist von jeder Alltagslast befreit und kann sich ganz auf die Sachen freuen, die einen nicht enttäuschen können: den schönsten Sonnenaufgang des Tages, den fröhlichsten Montag der Woche oder das spannendste aller Bücher, deren Klappentext man gerade gelesen hat.

Der große

——————————

Ein Ausmalbuch mit Worten

Paul-Jan-Torben erkennt, dass Schreiben im Grunde nur eine Frage der Selbst befriedigung ist und beginnt, den "großen Autor" zu spielen. Er arbeitet sich vom mittel mässigen Streetstyle-Blogger zum Multi vitaminsaft-Packungstexter hoch und _____, in der festen Überzeugung, dadurch seine _____ zu können.

So _____ wir uns voran, in _____ gegen den _____, und werden doch immer wieder _____ ins _____.

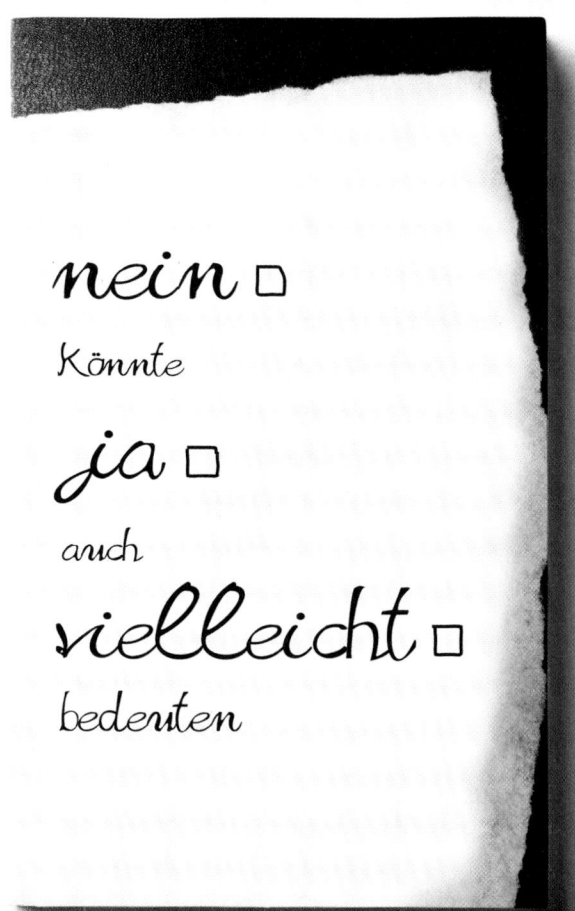

Aus dem Leben eines Menschen, der nur die 3. Person kennt.

Leute schauen immer in die Richtung, aus der der Bus kommt. Und manchmal fragt man sich ja ernsthaft, wie Sterben wohl wirklich ist. Angelina Jolie hat laut einer meinungsstarken Internetadresse ein Tattoo von Brad Pitt an einer intimen Stelle. Will doch niemand wissen. Spannender ist die Tatsache, dass die amerikanische Zensur bei Sexszenen die Zahl der Hüftstöße als Beurteilungsgrundlage heranzieht, ob ein Film jugendgefährdend ist oder nicht. Und dann wird plötzlich alles wieder ganz ruhig. Man könnte aufstehen, den Hut von der Garderobe nehmen, hinausgehen und die Tür hinter sich schließen.

„Ein sonderbarer Debütroman. Unentschlossen, distanziert und doch so lebendig."
Brigitte, Freundin

„Ick habe die Hauptfigur nie kennengelernt. Aber ick kann ihn jut leiden."
Bolle, Berlin

DER HAKEN IST BEI VIELEN ECKEN,

DASS TEUFEL IM DETAIL OFT STECKEN.

UND SO STELLT, WAS SICH ECKE NANNTE,

RECHT HÄUFIG RAUS ALS SCHNÖDE KANTE.

DAS IST BETRUG! ICH GLAUBE, ICH SPINNE!

SCHIMPFT MANCHER DA (IN UNSEREM SINNE).

UND SO BLIEB UNS EINES ÜBRIG NUR:

WIR GING'N DEN DINGEN AUF DIE SPUR.

IN DIESEM BUCH, RECHT GROSS (UND HOCHFORMAT),

SEHEN SIE NUN ECKEN ALLER ART.

BÜCHER, FÜR DIE
MAN SEINEN TEUREN
ANZUG MAL WIEDER
AUS DEM SCHRANK
HOLEN SOLLTE.

Weihnachten ist eine wunder-
bare Angelegenheit und lässt –
bestenfalls – keine Wünsche offen,
wohl aber unzählige Fragen, die in
diesem Buch endlich beantwortet werden: Wie sehr kann es weihnachten?
Ist der Weihnachtsmann ein Nord-Pole?
Geht ihm auch mal was auf den Sack?
Was sagt seine Frau dazu, dass er
nur einmal im Jahr kommt? Und: Wenn
sich viele Weihnachtsmänner zu einer
Konferenz treffen, sind sie dann am
weihtagen?

«Das Buch ist super. Aber ich
weiß immer noch nicht, ob's
jetzt schon Weihnachten ist.»
B. Feckenbauer

Reiten für Stotterer

Br-Br-Br-Br-Br

Band 1 "Das Anhalten"

Ein Ratgeber, der endlich auch Randgruppen in den Steigbügel zu verhelfen vermag. Handliche Lektionen im praktischen Jodhpur-Reithosen-Format arrangiert. Von A wie Anhalten bis Z wie Zügeln.

«Stürzen Sie lieber am Doppel-Oxer, als an sprachlichen Barrieren zu scheitern.»
H. K.

«Da-Da-Das grö-grö-ößte Gl-Gl-Glück d-d-d-der E-E-E-rde i-i-i-ist au-au-au-auf de-de-de-dem Rü-Rü-Rü-Rücken d-d-d-der Pf-Pf-Pf-Pferde.»
Bernd, llll-ei-den-schschsch-schaftlicher Rrrr-eiter

POLEWONS

NELEWEU

Builewuisnelewess-Wölewörtelewerbulewuch LÖFFELISCH

Ülewübelewer 45.000 Stilewichwölewörtelewer ulewund Welewendulewungelewen

Löffelisch - Deleweutsch
Deleweutsch - Löffelisch

Dalewas Wölewörtelewerbulewuch fülewür delewen Gelewe-
schälewäftsalewalltalewag milewit ilewinsgelewesalewamt
rulewund 45.000 Stilewichwölewörtelewern ulewund Welewendulewungelewen, dalewavolewon vielewielelewe taulewau-
selewend Spelewezilewialewal-belewegrilewiffelewe aulewaus
delewem Olewoffilewicelewe-Belewereileweich.

Das Papier, welches allen Unschuldsver=
mutungen zum Trotz ein regelrecht
flammendes Knistern der Ungeduld
vernehmen ließ, bereute keineswegs, als
polyamourös und gefährlich zu gelten.
Wäre die Tinte nicht ungestüm, wie es ihre
Art war, hätte sich durchaus etwas zwi=
schen den beiden ergeben können; bereits
zeichnete sich ein neckisches Gebaren ab.
Doch der Tropfen, lüstern wie er sich am
Papier verging, gab sich den Poren hin,
halb schwemmte er hinein, halb wurde er
aufgesogen. Das Papier, benutzt und be=
schmutzt, sah schließlich keinen anderen
Ausweg, als Schluss zu machen.

Von Anfang war dem Aale klar
Aalsein ist gar wunderbar
Gemaalt, bezaalt und
eingeölt, schwamm der Aal
zu seinem Freund
dem Waal
von Zaahl (das ist sein Nachname)
«Entschuldigen Sie maal!»
Der Herr war Generaal
unten flauschig, oben kaahl
spielt er Pingpong am Kanaal,
füttert Tauben mit Paraal
und ist bekannt bis ins Weltaal

Finaal

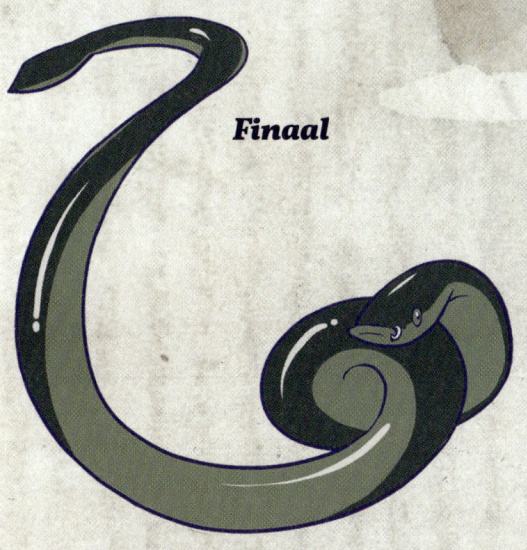

Das *wie ist wie* der gepflegten Konservation, mit Kommunikations-Ballspielen zum an die Luft gehen, Versprichwörtern, bei denen Sie höchstverscheinlich auf keinen grünen Nenner kommen, rektorischen Stillmitteln von Antithese bis Prothese und vielen weiteren sprachlichen Laternativen, mit denen Sie gratiniert offene Ohren einrennen. Ausserdem: Sieben tolle Rezepte für Katoffelkretin.

«Nicht nur würde dieses Buch Marcel Reich-Ranicki glatt die Fußnägel im Grab umdrehen, es wird den Verlag auch in den sicheren Urin treiben!»
Siegbart, Freiherd zu Knäcke

«Das ist Quatsch mit Remoulade im Endstadion!»
Siegberg, Freuhart zum Knicke

Mein Hund, der hat drei Ecken.

Redewindungen und Versprichwörter für jeden Alnass.

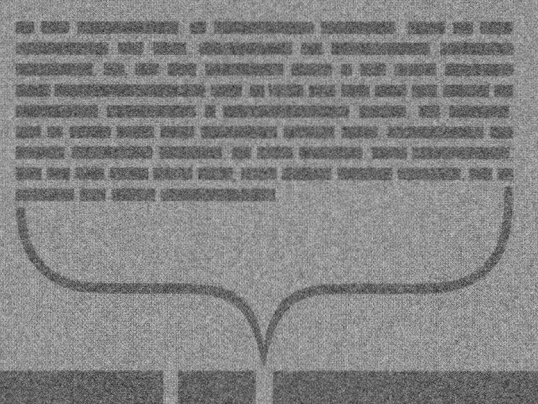

DIE GESCHICHTE DES, OFT EILIG HINZUGEFÜGTEN, IM
SCHREIBTAUMEL VERLORENEN, MEIST NIE GANZ VOLLSTÄNDIGEN UND
DOCH, INSBESONDERE ZUR UNTERSTÜTZUNG SCHWACHER HAUPSÄTZE,
DIE, WIE MAN HEUTZUTAGE SCHON IN DEN ERSTEN LEKTIONEN EINES
VOLKSHOCHSCHULKURSES LERNT, SO DENN SICH JENE NACH DEN REGELN
FÜR ERFOLGREICHE SCHREIBKURSE IN VOLKSHOCHSCHULEN RICHTEN, DIE
ÜBRIGENS, WAS AN DIESER STELLE NICHT UNERWÄHNT BLEIBEN SOLLTE, AUS-
SCHLIESSLICH AUS STARKEN HAUPSÄTZEN BESTEHEN, OFT EINES SIDEKICKS,
EINES WASSERTRÄGERS, UND WIE MAN LEIDER SAGEN MUSS, EINES EWIGEN
ZWEITEN BEDÜRFEN, VIEL ZU BEILÄUFIG UND LIEBLOS EINGESCHOBENEN
NEBENSATZES.

«DER UNGEDULDIGE LESER MAG SICH DENKEN ‹KOMMA AUF
DEN PUNKT›, ABER PUNKTE BRAUCHT ES IN DIESER HOMMAGE
EIGENTLICH NUR EINEN – GANZ AM ENDE. DIE KOMMATA
HINGEGEN FÜHREN HIER EINEN REIGEN AUF, SIE KUSCHELN
UND KABBELN MITEINANDER, SIE RINGEN UND SIE TANZEN,
SIE HALTEN SICH AUF ABSTAND, NUR UM DANN WIEDER
AUFEINANDER ZUZUEILEN, ALS WÜSSTEN SIE GENAU, DASS
SIE DIESES MAL VIELLEICHT NUR EIN MANIERLICH GESETZTER
ARTIKEL TRENNEN KANN.»
THOMAS-MANN-ULTRAS, REINHARDSHAGEN

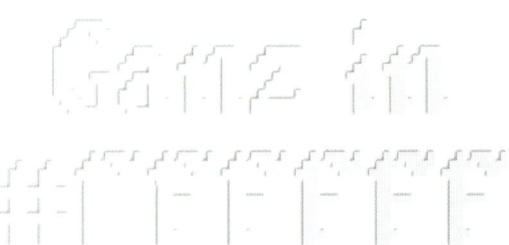

Wenn sich heutzutage ein ^romeOMG_17* durch das Fenster bei seiner swEEt*jUlIA_1994 ins Zimmer schleicht, ist dies umso häufiger aus scheinbar endlosen Kombinationen von Einsen und Nullen gebaut und verlangt mehr Fingerspitzengefühl als Muskelkraft. Sonst aber ist, angefangen von der Balz bis zur Traumhochzeit, eigentlich alles beim Alten geblieben. Besonders, wenn man vor dem Schließen des retuschierten Nackt-Selfies das Speichern vergessen hat.

```
Dim antwort as integer
antwort = MsgBox(«Wollen Sie die hier
anwesende swEEt*jUlIA_1994 heiraten?, dann klicken
Sie jetzt auf JA», vbYesNo + vbQuestion)
If antwort = vbYes then Reis_werfen
else Strg+Alt+Entf
end if
```

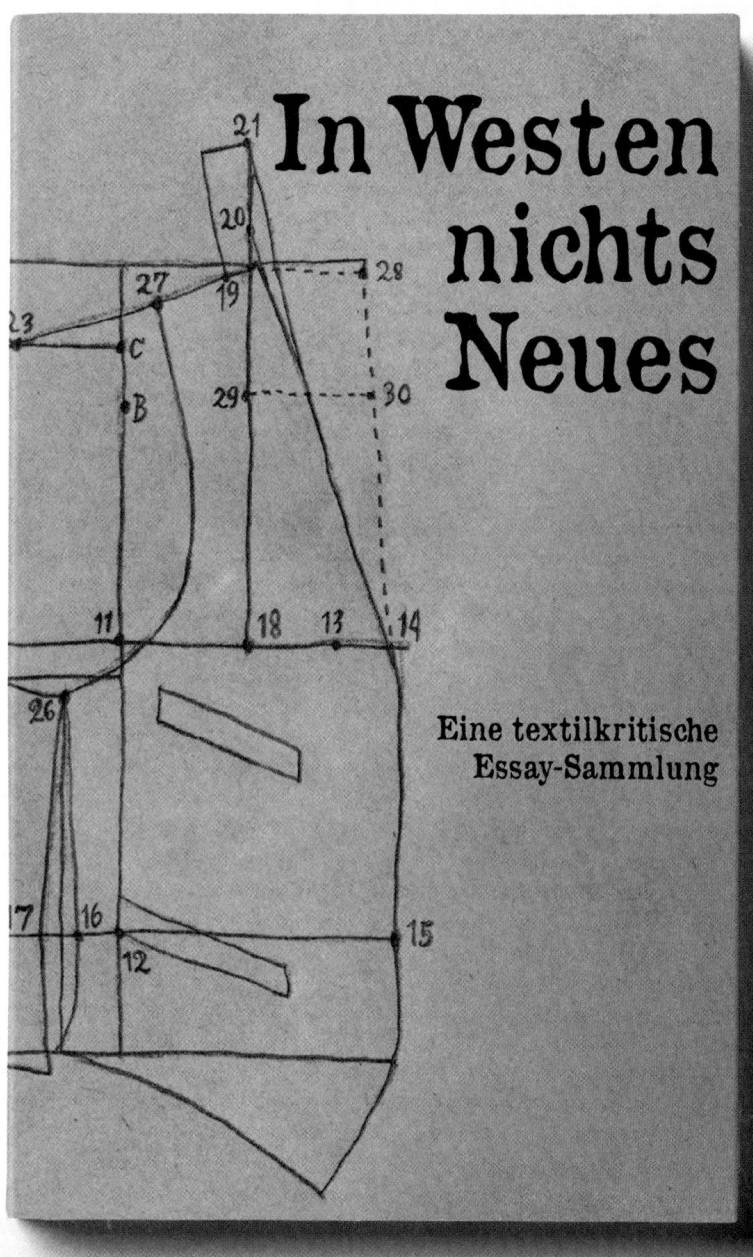

Von Nähten und Nieten

Während sich andere Kleidungsstücke schneller an Umweltbedingungen und Moden anpassen, als es die natürliche Auslese zuließe, verharrt die Weste auf dem Entwicklungsstand des 18. Jahrhunderts.

Romanciers und Philosophen gehen diesem Phänomen auf die Spur und nehmen Sie mit auf eine Entdeckungsreise – von den wilden Westen der Pionierzeit bis hin zu den Westen des fernen Asiens, den wundersamen Osten.

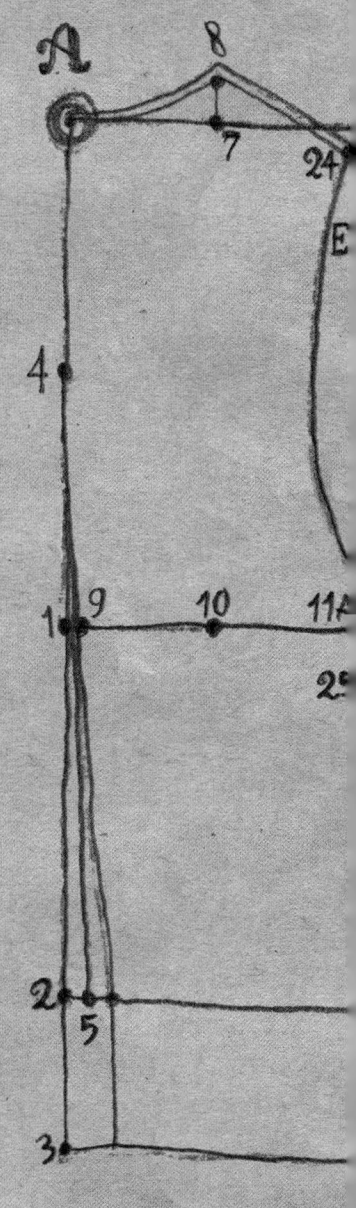

Erwin Greuwerk war der König der Kürschner. Seine Fingerfertigkeit war unerreicht, sein Ruf war tadellos und machte ihn zum gern gesehenen Gast bei Hofe auf der ganzen Welt. Jede blaublütige Dame, die etwas auf sich hielt und über das entsprechende Kleingeld verfügte, schmückte sich mit seinem Namen. Makelloser Hermelin aus Ischim, Kronenzobel aus dem Bargusingebirge, feinseidige Nerze aus Neufundland; er hüllte die schönsten Frauen in die kostbarsten Felle. Das Problem war, dass er dieselben Damen auch nur allzu gerne wieder auszog. Seine Liebschaften waren von höchstem Rang und Namen, und so manches Adelsgeschlecht musste seinetwegen die Erbfolge neu regeln. Als er jedoch eines Tages von einem moldawischen Thronfolger in flagranti erwischt wurde und seine nackte Haut nur durch einen beherzten Sprung in den winterkalten Burggraben retten konnte, ahnte er, dass ihm langsam die Felle davonschwammen. Er musste einen Entschluss fassen.

«PETA, so leid es mir tut, aber bei diesem Buch gilt:
Lieber Pelz als nackt!»
N. C., NYC

Peter hieß später beinah Reiner

x́x x x́x x́x x́x

Scheißegeile Reime für jede Gelegenheit

Da dem Dichter, dem Dichter, heutzutage nur allzu gerne körperliche Züchtigung in Aussicht gestellt wird, wenn er statt Allerweltssyntaxverwendung zu einem jambischen Fünfheber ansetzt, soll dieses Buch nun auch das gemeine Volk vom gepflegten Reimen überzeugen.

Dazu gibt es eine herrliche Auswahl praxisnaher Verse, so dass auch weniger angenehme Anlässe künftig nicht mehr nur mit Hauptsatz-Nebensatzgefüge gering geschätzt werden müssen. Staatsanwälte etwa können ihre Plädoyers derart aufpeppen, dass auch der renitenteste Delinquent schmunzelnd zu der Einsicht gelangt:

Wer gerne krumme Sachen macht, muss wissen, dass es in der Summe kracht.

Zur Tarte schreiten
Die Eleganz der französischen Küche

Da soll noch mal einer den Adel als inzestuösen, blutkranken und überflüssigen Gesellschafts-Appendix bezeichnen: Als im Paris des späten 18. Jahrhunderts die Aristokratenköpfe wie tote Fliegen in die Weidenkörbe unter den Guillotinen plumpsten, besann sich Antoine Beauvilliers eines Besseren und eröffnete sein Restaurant «La Grande Taverne de Londres», in dem versierte, aber arbeitslose Spitzenköche des mittlerweile kopflosen Adels ein Auskommen fanden und ihre Künste dem gemeinen Volk zukommen ließen. Seitdem setzt die Haute Cuisine ihren Siegeszug in die Küchen dieser Welt unaufhaltsam fort.

«Nur ein französischer Gourmet kann ohne Weiteres bestimmen, auf welchem Bein das soeben verspeiste Rebhuhn zu nächtigen pflegte.»
frei nach Jean Anthelme Brillat-Savarin

«Liebe Deutsche! Ihr müsst eben kein Salz auf eure Schnecken geben, sondern Riesling.»
Claude M. aus Eguisheim

16. ANNUAL CREATIVE CRAYON AWARD

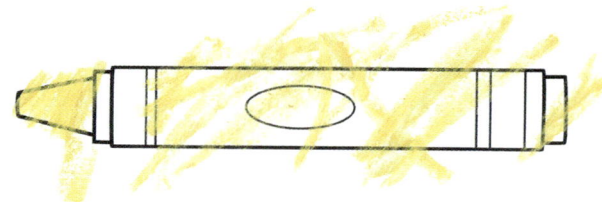

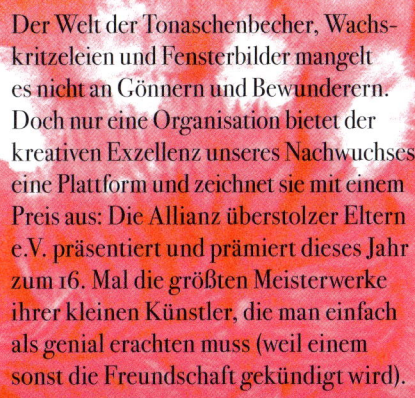

Der Welt der Tonaschenbecher, Wachs-
kritzeleien und Fensterbilder mangelt
es nicht an Gönnern und Bewunderern.
Doch nur eine Organisation bietet der
kreativen Exzellenz unseres Nachwuchses
eine Plattform und zeichnet sie mit einem
Preis aus: Die Allianz überstolzer Eltern
e.V. präsentiert und prämiert dieses Jahr
zum 16. Mal die größten Meisterwerke
ihrer kleinen Künstler, die man einfach
als genial erachten muss (weil einem
sonst die Freundschaft gekündigt wird).

«Kunst kommt von Kritzeln,
käme sie von Können, hieße sie ja Konnst.»

Hat mein Papa gesagt

Mit
freundlicher
Unterstützung vom
Dachverband
spannender
Diaabende

Für viele Leser und Kritiker ist «100 Bücher, die die Welt noch braucht» einfach nur ein ordentlicher Schinken. Dass sich hinter jeder Seite das fulminante Werk einer Gruppe literarischer Form- und Farbgeber, der legendären Illustrati, offenbart, bleibt ein Geheimnis. Genauso gut gehütet wie die geheimen Namen ihrer Mitglieder, die da lauten:

Ellen Akimoto
Neven Allgeier
Friederike Coninx
Leonard Erlbruch
Thorsten Ihlo
Gaelle Lalonde
Anna Neroslavsky
Christian Thurow
Robert Piehler
Julian Wäckerlin
Lea Wäckerlin
Felix Weirich
Sarah Tempelmann
Angelo Repetto
Marcel Schock
Sandro Raschle

Franco Schönenberger
Daniel Hesse
Lorenzo Müller
Anna Weil
Ann-Marie Schmalz
Alexander Stephan Frei
Wim Lanz
Fabian Esslinger
Yvonn Barth
Wanja Toselli
Catherina Isken
Garvin Hirt
Björn Burkhardt
Ingo Schmidt
Paul Snowden
Sascha Westphal

Das heranwachsende Kind hat die Familienkutsche an die Wand gekachelt, im Dachstuhl brennt´s und dann stehen auch noch die Zeugen Jehovas vor der Tür. Und Sie so: «Das hat mir gerade noch gefehlt!» Bei diesem Buch können Sie diesen großartigen Satz 100-mal sagen, ohne Angst zu haben, den Versicherungsschutz zu verlieren, die Feuerwehr rufen zu müssen oder nicht bibelfest genug zu sein, um nicht an den Weltuntergang zu glauben.

«100 BÜCHER, DIE DIE WELT WIRKLICH NOCH BRAUCHT» ist das elementarste Element einer Elementar-Bibliothek. Vergessen Sie Schwanitz, Duden und den Brockhaus. Pfeifen Sie auf Kant & Co.

Alles, was Ihnen bisher durch die Frontallappen gegangen ist, alles, was Ihnen in der Schule, im Beruf und im Leben bisher vorenthalten wurde, von
a) bösen Mächten
b) bösen Mädchen
finden Sie hier auf kompakten 256 Seiten. Lernen Sie das nette Schimpfen, finden Sie heraus, warum Voyeure nur vor der Wahrheit die Augen verschließen, und akzeptieren Sie endlich, dass Sie sich nur auf Ihre Fantasie etwas einbilden können. Und das hat Ihnen gerade noch gefehlt, oder?

DANKSAGUNG

Das wird der wahrscheinlich ernsteste Teil dieses Buches.
Weil wir bei Bitte und Danke wirklich keinen Spaß verstehen.
Unser Dank ist groß und mächtig und soll sich als Wonnewolke um diese besonderen Menschen legen, weil ohne sie – ohne Übertreibung – dieses Buch nie erschienen wäre.

Wir danken Marko Jakob, unserem Agenten, für sein Vertrauen in uns, seine Unterstützung, viele gute Ingwerkekse und die ausgelassenste Vertragsunterzeichnung aller Zeiten.

Wir danken Katharina Fokken, für ihren unerschütterlichen Glauben an dieses Buch, für ihre Geduld und Hilfe und ihr Verständnis, dass wir ziemliche Dickköpfe sein können.

Wir danken Sandro Raschle, dem Fels in der Brandung unserer kreativen Wellen, die über jedem anderen zusammengeschlagen wären.

Wir danken Wanja Toselli, dass er aus unseren Ideen und denen unserer IllustratorInnen, Art-DirektorInnen und anderer KünstlerInnen Bücher hat werden lassen.

Wir danken dem Goldmann Verlag für seinen Mut, ein Buch zu veröffentlichen, das es so noch nie gab. Hans-Christian Biller und Lars-Christopher Voigts danken Sabine Maja Bremermann dafür, dass sie sie einander vorgestellt hat. Sabine Maja Bremermann dankt für den Dank. Wir danken allen anderen Menschen, die uns lieben und die wir lieben, für ihr Lachen und ihr Schmunzeln, für ihr Zweifeln und Unverständnis, für ihre Kritik und ihr Lob an unserem Buch.

Wir danken uns selbst dafür, dass wir durchgehalten haben.
Und darauf trinken wir jetzt einen Schnaps.

Prost!